D1935348

JAN-MATHIAS KUHR

Eigenkapitalersatz bei Publikumspersonengesellschaften mit gesplitteter Einlage

Schriften zum Wirtschaftsrecht

Band 97

Eigenkapitalersatz bei Publikumspersonengesellschaften mit gesplitteter Einlage

Ein Vergleich mit den Kapitalersatzregeln für die GmbH und die GmbH & Co. KG

Von

Jan-Mathias Kuhr

Duncker & Humblot · Berlin

Die Deutsche Bibliothek – CIP-Einheitsaufnahme

Kuhr, Jan-Mathias:
Eigenkapitalersatz bei Publikumspersonengesellschaften mit gesplitteter Einlage : ein Vergleich mit den Kapitalersatzregeln für die GmbH und die GmbH & Co. KG / von Jan-Mathias Kuhr. – Berlin : Duncker und Humblot, 1996
(Schriften zum Wirtschaftsrecht ; Bd. 97)
Zugl.: Mannheim, Univ., Diss., 1995
ISBN 3-428-08565-5
NE: GT

BIBLIOTHEK
der Industrie- und Handelskammer
für München und Oberbayern
Nr. 679/207

Alle Rechte vorbehalten
© 1996 Duncker & Humblot GmbH, Berlin
Fotoprint: Berliner Buchdruckerei Union GmbH, Berlin
Printed in Germany

ISSN 0582-026X
ISBN 3-428-08565-5

Gedruckt auf alterungsbeständigem (säurefreiem) Papier
entsprechend ISO 9706 ♾

Meinen Eltern

Vorwort

Diese Arbeit lag der Rechtswissenschaftlichen Fakultät der Universität Mannheim im Sommersemester 1995 als Inaugural-Dissertation vor. Das Manuskript wurde im April 1995 abgeschlossen. Literatur und Rechtsprechung sind bis zu diesem Zeitpunkt berücksichtigt.

Die Problematik der eigenkapitalersetzenden Gesellschafterleistungen ist für die Kapitalgesellschaften und die Kapitalgesellschaft & Co. KG seit langem anerkannt und ihre Weiterentwicklung Gegenstand der Diskussion in Rechtsprechung und Wissenschaft. Die herrschende Lehre verneint jedoch bislang die Notwendigkeit, die Kapitalersatzregeln als rechtsformübergreifendes Prinzip auch auf die Personengesellschaften anzuwenden. Diese Arbeit soll zeigen, daß die Rechtsprechung zu den Publikumspersonengesellschaften mit gesplitteter Einlage entscheidende Parallelen zu den Kapitalersatzregeln der Kapitalgesellschaften aufweist und daß die Argumentation des Bundesgerichtshofs nicht auf den Besonderheiten der Publikumspersonengesellschaften aufbaut, sondern auf die Normal-Personengesellschaften übertragbar ist.

Die Anregung zu diesem Thema erhielt ich von Frau Professorin Dr. Barbara Grunewald, der ich sehr herzlich danken möchte und die mich stets mit kritisch-konstruktivem Rat unterstützte. Ihre Fähigkeit, das Interesse für die gesellschaftsrechtlichen Fragestellungen zu wecken und ihre stets ermutigende Zuversicht in das Gelingen der Arbeit waren mir eine große Motivation.

Mein ganz besonderer Dank gilt Herrn Professor Dr. Rolf Sack, an dessen Lehrstuhl ich während der meisten Zeit, in der diese Arbeit entstand, als Assistent tätig sein durfte und der mir trotz des für sein Fachgebiet fremden Themas der Arbeit jede Unterstützung zuteil werden ließ und mir den Freiraum gewährte, der den zügigen Abschluß der Arbeit ermöglichte.

Herrn Professor Dr. Pirmin Spieß danke ich für die schnelle Erstellung des Zweitgutachtens.

Danken möchte ich auch all denen, die durch Ihr Interesse und die Bereitschaft zur Diskussion zum Gelingen dieser Arbeit wesentlich beigetragen haben, insbesondere meinem Freund und ehemaligen Kollegen Dr. Peter Kurz und meinem Vater Dr.-Ing. Hans-Achim Kuhr für die mehrfache Durchsicht des Manuskripts und wertvolle Anregungen.

Weinheim, im Februar 1996 *Jan-Mathias Kuhr*

Inhaltsverzeichnis

1. Teil

Die Problematik der eigenkapitalersetzenden Gesellschafterleistungen

1. Eigen- und Fremdkapital

Unternehmerisch tätige Gesellschaften benötigen zur Aufnahme und Aufrechterhaltung ihres Geschäftsbetriebes in unterschiedlichem Umfang Vermögen in Form von Vorräten, Anlagen, Rechten und liquiden Mitteln. Dafür ist der Einsatz von Kapital notwendig. Dieses kann aufgebracht werden als Fremdkapital oder als Eigenkapital. Eigenkapital ist Haftkapital und damit Risikokapital[1]. Es zeichnet sich dadurch aus, daß es von den Gesellschaftern aufgebracht wird, in der Regel nur einen Anspruch auf Teilhabe am Gewinn der Gesellschaft vermittelt, einer freien Kreditkündigung entzogen und im Konkurs für die Anteilseigner verloren ist[2]. Fremdkapital genießt demgegenüber den Vorteil, gewinnunabhängig verzinst und im Konkursverfahren zumindest in Höhe der Konkursquote bedient zu werden. Da die typische stille Einlage gem. § 236 HGB zumindest teilweise zur Konkurstabelle angemeldet werden kann, zählt auch sie als qualifizierter Kredit zum Fremdkapital des Unternehmensträgers[3].

Grundsätzlich können auch die Anteilseigner ihrer Gesesellschaft Fremdkapital zur Verfügung stellen. Für ein solches Vorgehen können gesellschaftsrechtliche, betriebswirtschaftliche und steuerliche Gründe sprechen[4]. Die bereits aufgezeigten Unterschiede zwischen Eigen- und Fremdkapital können aber dazu führen, daß die Gesellschafter die Gesellschaft mit Fremdkapital

---

[1] *Vornbaum*, Finanzierung der Betriebe, S. 37; ähnlich *D. Schneider*, Investition, Finanzierung und Besteuerung, S. 58; *K. Schmidt*, Gesellschaftsrecht, S. 418; im Ergebnis ebenso *Priester*, DB 1991, S. 1918.

[2] *K. Schmidt*, Gesellschaftsrecht, S. 418; *ders.*, FS Goerdeler, S. 491; ähnlich auch *Grunewald*, Gesellschaftsrecht, S. 283; *Wiedemann*, Gesellschaftsrecht I, S. 554; *Vornbaum*, Finanzierung der Betriebe, S. 37.

[3] So *K. Schmidt*, Gesellschaftsrecht, S. 419. Eingehend dazu *ders.*, ZHR 140 (1976), S. 477 ff.; *ders.*, KTS 1977, S. 13 ff., 67 ff.; zustimmend *Reusch*, BB 1989, S. 2359.

[4] So schon BGHZ 76, 326, 330. Ebenso *Reusch*, BB 1989, S. 2358. Zur steuerlichen Benachteiligung von Eigenkapital *Vornbaum*, Finanzierung der Betriebe, S. 39.

anstelle von Eigenkapital ausstatten, um im Falle eines Scheiterns der Gesellschaft ihren Kapitaleinsatz zur Konkurstabelle anmelden zu können. Durch die sich daraus ergebende Erhöhung der Konkursforderungen vermindert sich die Konkursquote zulasten der außenstehenden Gläubiger. Da die Anteilseigner andererseits Dank ihrer Informationsmöglichkeiten regelmäßig früher und besser über den wirtschaftlichen Zustand ihres Unternehmens informiert sind, können sie bei Abzeichnen des Scheiterns der Gesellschaft rechtszeitig ihre Fremdmittel abziehen und u.U. sogar dadurch erst den Konkurs der Gesellschaft wegen Zahlungsunfähigkeit herbeiführen[5]. Durch die schwerpunktmäßige Ausstattung der Gesellschaft mit Fremdkapital aus Gesellschafterhand könnten die Anteilseigner somit ihr Unternehmerrisiko zumindest teilweise auf die übrigen Gläubiger verlagern.

2. Eigenkapitalersatz

Die Gefahr der mißbräuchlichen Ausnutzung der Fremdfinanzierungsmöglichkeiten durch Gesellschafter und die daraus resultierende Risikoverlagerung auf die außenstehenden Gläubiger wurde auch von der Rechtsprechung schon früh erkannt. So hatte sich das Reichsgericht erstmals 1937[6], der Bundesgerichtshof 1959[7] mit der Frage auseinanderzusetzen, ob und unter welchen Voraussetzungen formelles Fremdkapital, das die Gesellschafter der Gesellschaft zur Verfügung stellen, materiell dem Eigenkapital gleichzustellen ist mit der Folge, daß diese Mittel in der Krise der Gesellschaft nicht gekündigt oder zurückbezahlt werden können und im Konkurs nicht zur Konkurstabelle angemeldet werden dürfen.

Die in ihren Tatbestandsvoraussetzungen und Rechtsfolgen bald unübersichtliche Rechtsprechung wurde vom Gesetzgeber zum Anlaß genommen, 1980 mit der GmbH-Novelle das Problem gesetzlich zu regeln[8]. Dies geschah jedoch nur für die GmbH (§ 32a GmbHG, § 32a KO, § 3b AnfG) und die Kapitalgesellschaft & Co. KG durch den Verweis auf das GmbHG in § 172a HGB. Zwischenzeitlich hat der Bundesgerichtshof den § 32a GmbHG analog auch auf die Aktiengesellschaft angewendet[9]. Die Neuregelung des Kapitalersatzrechts durch die GmbH-Novelle ist jedoch bei Rechtsprechung und Schrifttum vielfach auf Kritik gestoßen, da sie hinter den durch die damalige Rechtsprechung bereits erreichten Standards zurückgeblieben sei. Aus diesem Grund sind

---

[5] Ähnlich wie hier *Lutter/Hommelhoff*, GmbHG, §§ 32a/b, Rn.1; vgl. dazu auch *Koller*, FS Heinsius, S. 372 f.

[6] RG JW 1938, 862.

[7] BGHZ 31, 258.

[8] Vgl. dazu insbesondere BT-Drucks. 8/1347, S. 27 ff.

[9] BGHZ 90, 381.

nach allgemeiner Auffassung die alten Rechtsprechungsgrundsätze neben den Normen der GmbHG-Novelle weiterhin anzuwenden[10].

Rechtsprechung und Literatur haben das ursprünglich am Problembereich von Gesellschafterdarlehen entwickelte Kapitalersatzrecht im Laufe der Zeit zu einem gläubigerschützenden Kapitalsicherungssystem ausgearbeitet, das neben den Darlehen auch sonstige diesen entsprechende wirtschaftliche Leistungen der Gesellschafter erfaßt und dessen Haftungsfolgen neben den Gesellschaftern auch sonstige Dritte unterliegen können, sofern deren wirtschaftliche Stellung der eines Gesellschafters entspricht[11]. Die herrschende Meinung in Rechtsprechung und Literatur ist sich jedoch bislang darin einig, daß die Grundsätze zu den eigenkapitalersetzenden Gesellschafterleistungen nur auf die Kapitalgesellschaften und die Personengesellschaften ohne unbeschränkt haftende natürliche Person als Gesellschafter anwendbar sind[12].

3. Eigenkapitalersatz bei Personengesellschaften

Die derzeit vorherrschende Meinung stützt ihre ablehnende Haltung gegen eine Anwendung der Eigenkapitalersatzregeln auf Personengesellschaften mit einer unbeschränkt haftenden natürlichen Person als Gesellschafter vornehmlich auf rechtspositivistische und rechtsformspezifische Gründe. Zum einen ergebe sich aus § 172a HGB, daß der Gesetzgeber die Anwendung der GmbH-rechtlichen Kapitalersatzregeln auf die Kapitalgesellschaft & Co. KG beschränken wollte[13], zum anderen seien Kapitalerhaltungsvorschriften bei Gesellschaftsformen, in denen zumindest ein Gesellschafter unbeschränkt persönlich hafte, auch nicht notwendig[14].

---

[10] So die ganz h.M seit BGHZ 90, 370, vgl. nur BGHZ 95, 188, 192; *Lutter/Hommelhoff*, GmbHG, §§ 32a/b, Rn. 4; *Hommelhoff*, ZGR 1988, S. 485; Baumbach/*Hueck*, GmbHG, § 32a, Rn. 74; Scholz/*K. Schmidt*, GmbHG, §§ 32a, 32b, Rn. 76; *Grunewald*, Gesellschaftsrecht, S. 355; *Kübler*, Gesellschaftsrecht, S. 236; *Ulmer*, ZIP 1984, S. 1163.

[11] Allgemein zum Recht des Eigenkapitalersatzes vgl. u.a. *Grunewald*, Gesellschaftsrecht, S. 351; *K. Schmidt*, Gesellschaftsrecht, S. 956 ff.; *Kübler*, Gesellschaftsrecht, S. 234 ff.; *Rümker/H. P. Westermann*, Kapitalersetzende Darlehen, 1987; *v. Gerkan/Hommelhoff*, Kapitalersatz im Gesellschafts- und Insolvenzrecht; *v. Gerkan*, GmbHR 1990, S. 384; *Farrenkopf/Cahn*, AG 1983, S. 151 ff.

[12] *Claussen*, ZHR 147 (1983), S. 201 m.w.N.; *H. P. Westermann*, Vertragsfreiheit und Typengesetzlichkeit im Recht der Personengesellschaften 1970, S. 284 ff.; Gegen eine analoge Anwendung auf die Aktiengesellschaft OLG Düsseldorf, ZIP 1983, 786, 790; *H. P. Westermann*, ZIP 1982, S. 388; *Obermüller*, ZIP 1982, S. 921; *Rümker*, ZIP 1982, S. 1395. Ausdrücklich offengelassen in BGHZ 112, 31, 38 f.

[13] *Rümker/H. P. Westermann*, Kapitalersetzende Darlehen, S. 15 f.; *Rümker*, ZGR 1988, S. 512, *Michel*, Eigenkapitalersetzende Gesellschafterleistungen, S. 239 f.

[14] *Claussen*, ZHR 147 (1983), S. 201.

Gegen die herrschende Auffassung wendet sich vor allem *K. Schmidt*. Seiner Ansicht nach kann das Phänomen eigenkapitalersetzender Gesellschafterdarlehen bei allen Gesellschaftsformen auftreten. Die Regeln für eigenkapitalersetzende Gesellschafterdarlehen seien Ausdruck eines ungeschriebenen rechtsformübergreifenden Prinzips ordnungsmäßiger Unternehmensfinanzierung[15]. Dagegen spreche auch nicht der eingeschränkte Anwendungsbereich des § 172a HGB. Kapitalersetzende Darlehen seien dem haftenden Kapital nicht deshalb gleichgestellt, weil § 32a GmbHG dies so anordne, sondern weil und soweit sie Quasi-Haftkapital sind[16]. Auch der Bundesgerichtshof hat sich im BuM-Urteil gegen eine rechtspositivistische Interpretation der GmbH-Novellen-Vorschriften ausgesprochen[17].

4. Die Rechtsprechung zu den Publikumspersonengsellschaften mit gesplitteter Einlage

Wenig Berücksichtigung erfährt in der Diskussion um die Übertragbarkeit der Kapitalersatz-Grundsätze auf Personengesellschaften die Rechtsprechung des BGH zu den Publikumspersonengesellschaften mit gesplitteter Einlage[18]. Bei dieser Form der vor allem aus steuerlichen Gründen gewählten Kapitalanlage teilen die Gesellschafter ihre Beteiligung in die eigentliche Kommanditeinlage und ein Darlehen, bzw. eine stille Beteiligung auf. Auf den Fremdkapitalcharakter dieser Darlehen beriefen sich die Anleger-Gesellschafter, sobald ihre Publikumsgesellschaft in Konkurs fiel oder sich eine Gesellschaftskrise abzeichnete, was in der Praxis sehr häufig vorkam. Die Rechtsprechung hat diese Ansprüche unter Hinweis auf den Eigenkapitalcharakter der Gesellschafterdarlehen abgewiesen. Die dabei zu beobachtende Argumentation stützt sich jedoch weder auf die Rechtsprechung zu den eigenkapitalersetzenden Gesellschafterdarlehen bei Kapitalgesellschaften noch auf eine analoge Anwendung der Vorschriften der GmbH-Novelle von 1980[19].

---

[15] *K. Schmidt*, ZHR 147 (1983), S. 169 ff.; *ders.*, AG 1984, S. 13; *ders.*, in Schlegelberger, HGB, § 172a, Rn. 54; zustimmend *Joost*, ZGR 1987, S. 394 f; *Koller*, FS Heinsius, S. 371 f.

[16] *K. Schmidt*, ZHR 147 (1983), S. 172.

[17] In BGHZ 90, 381, 385 f. hat der BGH maßgeblich darauf abgestellt, daß eine vergleichbare Gefährdung der Gläubiger durch unzureichende Eigenkapitalausstattung sowohl bei der GmbH wie auch bei der AG bestehen könne und daß der Wille des Gesetzgebers, eine Anwendung der Kapitalersatzgrundsätze auf Aktionärsdarlehen im Wege der Rechtsfortbildung auszuschließen, nicht zu erkennen sei.

[18] BGHZ 70, 61; 93, 159; 104, 33; BGH LM Nr. 6 zu § 149 HGB; BGH NJW 1980, 1522; NJW 1981, 2251; NJW 1982, 2253.

[19] Auf die Selbständigkeit dieses Verfahrens zur Umqualifizierung von formellem Fremdkapital in materielles Eigenkapital weist insbesondere BGHZ 104, 33, 37 ff. hin. Vgl. dazu auch *Wiedemann*, FS Beusch, S. 902.

5. Inhalt und Gang der Untersuchung

In der vorliegenden Arbeit soll untersucht werden, ob sich zwischen den GmbH-rechtlichen Kapitalersatzregeln und den Grundsätzen der Rechtsprechung zu den Publikumspersonengesellschaften mit gesplitteter Einlage Parallelen aufzeigen lassen. Entsprechen sich beide Systeme in ihrer Zweckrichtung und in ihren Tatbestandsvorausssetzungen, so würde dies, trotz möglicher rechtsformspezifischer Unterschiede in den Rechtsfolgen für die Ansicht von *K. Schmidt* sprechen, daß es sich bei den mit der GmbH-Novelle eingeführten Vorschriften nur um den Ausdruck eines gesellschaftsformübergreifenden Prinzips der unternehmerischen Verantwortung für eine ordnungsmäßige Kapitalausstattung der Gesellschaft handele.

Zu diesem Zweck soll zunächst die Rechtsprechung zu den Publikumspersonengesellschaften mit gesplitteter Einlage untersucht werden. Im Anschluß werden die Grundsätze des GmbH-rechtlichen Kapitalersatzsystems dargestellt. Seine Zielsetzung, Tatbestandsvoraussetzungen und Rechtsfolgen sollen sodann mit den Rechtsprechungsgrundsätzen zur gesplitteten Einlage bei Publikumspersonengesellschaften verglichen werden. Eventuelle Abweichungen werden dabei auf dogmatische Ursachen hin zu überprüfen sein. Es muß aber schon an dieser Stelle betont werden, daß die grundlegenden Unterschiede zwischen Kapital- und Personengesellschaften dabei stets zu berücksichtigen sein werden.

2. Teil

Die Umqualifizierung von formellem Fremdkapital in materielles Eigenkapital bei Publikumspersonengesellschaften

1. Die Publikumspersonengesellschaft

Publikumspersonengesellschaften sind Massengesellschaften in der Rechtsform einer Personengesellschaft. Sie sind abzugrenzen von kapitalgesellschaftsrechtlichen Publikumsgesellschaften und von den normalen Personengesellschaften, die in der Regel auf einen zahlenmäßig überschaubaren Gesellschafterkreis zugeschnitten sind[1].

a) Wesen und Zweck der Publikumsgesellschaften

Publikumsgesellschaften sind auf den Beitritt zahlreicher Kapitalanleger ausgerichtete rechtsgeschäftliche Zusammenschlüsse mehrerer Personen zur Erreichung eines gemeinsamen Zwecks[2]. Viele unternehmerische Projekte und Aktivitäten erfordern eine Kapitalausstattung, die die finanzielle Leistungsfähigkeit der Unternehmensgründer übersteigt. Die Gründung einer Publikumsgesellschaft bietet ihnen die Möglichkeit, das erforderliche Kapital durch die Aufnahme zahlreicher weiterer Gesellschafter aus dem „Publikum" aufzubringen. Die potentiellen Gesellschafter werden auf dem Kapitalmarkt durch Prospekte und Vermittler geworben.

Publikumsgesellschaften haben in der Regel eine kapitalistische Struktur. Der Gesellschafterbestand wechselt häufig und die Gesellschafter haben keine direkten Einflußmöglichkeiten auf die Geschäftsführung. Die Kontroll- und Mitentscheidungsrechte der Anteilseigner werden bei Publikumsgesellschaften

---

[1] *Hüffer*, JuS 1979, S. 457; im Ergebnis wohl auch *Kellermann*, FS Stimpel, S. 296; *Kraft*, FS Fischer, S. 323; *Wiedemann*, Gesellschaftsrecht I, S. 89.

[2] *Wiedemann*, Gesellschaftsrecht I, S.121; ähnlich auch *Kellermann*, FS Stimpel, S. 296; Schlegelberger/ *K. Schmidt*, HGB, § 161, Rn. 128; *Schilling* in Großkommentar HGB, Anh. § 161, Rn. 1.

von Gesellschafterausschüssen, -beiräten oder Aufsichtsräten ausgeübt, die von der Gesellschafterversammlung bestellt werden[3]. Die typischen Anleger-Gesellschafter einer Publikumsgesellschaft sind an den unternehmerischen Entscheidungen nur insoweit interessiert, als sie davon Auswirkungen auf ihren Gewinnanteil in Form der auszuschüttenden Dividende oder in Form von Wertveränderungen ihres Gesellschaftsanteils erwarten. Die Gesellschafter einer Publikumsgesellschaft unterscheiden sich daher von denen der Nicht-Publikumsgesellschaften vor allem durch die unterschiedlichen Motive für ihre Beteiligung. Während es bei der „normalen" Gesellschaft den Gesellschaftern vorrangig um die Erreichung eines speziellen Gesellschaftszwecks geht, betrachtet der Anteilseigner einer Publikumsgesellschaft seine Einlage in der Regel als eine Kapitalanlageform, die ihm eine hohe Rendite und, wenn möglich, steuerliche Vorteile erbringen soll[4]. Auf welchem Gebiet die Gesellschaft zur Erreichung dieses Zwecks tätig wird, ist für ihn dabei von untergeordneter Bedeutung.

Für die typischen Publikumsgesellschaften, die Großunternehmen, die auf eine hohe Kapitalausstattung angewiesen sind, hat der Gesetzgeber mit der Aktiengesellschaft (AG) und der Kommanditgesellschaft auf Aktien (KGaA) geeignete Rechtsformen geschaffen[5]. Im Aktiengesetz ist den beschränkten Mitwirkungs- und Kontrollrechten der Aktionäre ein dichtes System anlegerschützender Normen gegenübergestellt worden, von denen, wenn überhaupt, nur unter engen Voraussetzungen abgewichen werden darf. Dieser Schutz der Anleger-Gesellschafter findet beispielsweise Ausdruck in der Publizitätspflicht für Sondervorteile an bestimmte Aktionäre oder Dritte oder den Gründungsaufwand nach § 26 AktG, die Pflicht zur Angabe im Gründungsbericht, ob für Rechnung von Vorständen oder Aufsichtsräten Aktien übernommen worden sind nach § 32 Abs. 3 AktG und die zwingende Mitbestimmung der stimmberechtigten Aktionäre auf der Hauptversammlung gem. § 119 AktG, vor allem auch bei Maßnahmen der Kapitalbeschaffung gem. § 182 AktG.

Neben den typischen Publikumsgesellschaften, den kapitalgesellschaftsrechtlich organisierten Aktiengesellschaften und Kommanditgesellschaften auf Aktien, sind seit Beginn der siebziger Jahre zunehmend auch Publikumsgesellschaften in der Rechtsform von Personengesellschaften, vornehmlich als GmbH & Co. KG[6] und Gesellschaft bürgerlichen Rechts (GbR)[7], aber auch in

---

[3] Baumbach/*Hopt*, HGB, Anh. § 177a, Rn. 52; *Kraft*, FS Fischer, S. 323; *Tipke/Lang*, Steuerrecht, S. 342; *Schilling* in Großkommentar HGB, Anh. § 161, Rn. 40.

[4] So auch *Hüffer*, JuS 1979, S. 457; *Ebenroth/Autenrieth*, JA 1980, S. 9; *Kübler*, Gesellschaftsrecht, S. 278; *K. Schmidt*, Gesellschaftsrecht, S. 1396.

[5] *Hüffer*, JuS 1979, S. 457; *K.Schmidt*, Gesellschaftsrecht, S. 1395 f.; *Stimpel*, FS Fischer, S. 775.

[6] *K.Schmidt*, Gesellschaftsrecht, S. 1397; *Hüffer*, JuS 1979, S. 460; *Ebenroth/Authenrieth*, JA 1980, S. 8; vgl. auch *Grunewald*, Gesellschaftsrecht, S. 215.

[7] BGH NJW 1982, 877; OLG Köln NJW-RR 1994, 491.

der Rechtsform der gesetzestypischen KG[8] oder der stillen Gesellschaft[9] in Erscheinung getreten. Diese Entwicklung ist zurückzuführen auf die besonderen Bedürfnisse der sog. Abschreibungsgesellschaften oder Verlustzuweisungsgesellschaften[10], die durch steuerlich geförderte Investitionsmodelle die Nachfrage nach steuersparenden Kapitalanlagen zu befriedigen versuchten. Zu ihnen sind wohl die meisten Publikumspersonengesellschaften zu zählen[11]. Diese Publikumspersonengesellschaften unterscheiden sich erheblich von den typischen Personengesellschaften.

b) Besonderheiten der Publikumspersonengesellschaften

Personengesellschaften sind als Schuldverhältnisse mit Gesamthandsvermögen konzipierte, auf unmittelbarer vertraglicher Verbundenheit der Gesellschafter beruhende Zusammenschlüsse von zwei oder mehr Personen zur Förderung eines vereinbarten Zwecks[12]. Für die typische Personengesellschaft geht das Gesetz davon aus, daß der Gesellschaftsvertrag als Grundlage der Gesellschaft das Ergebnis von Verhandlungen der Gesellschafter ist und daher alle beteiligten Interessen ausreichend berücksichtigt. Die normale Personengesellschaft stellt sich nach §§ 705 ff. BGB, 33, 105ff., 161ff. HGB als die Arbeits- und Haftungsgemeinschaft eines engen und überschaubaren Personenkreises dar[13]. Aus diesem Grund wird den Gesellschaftern bei der Ausgestaltung des Vertrages auch weitgehend freie Hand gelassen, soweit nicht Gläubigerschutzinteressen eine Begrenzung der Gestaltungsfreiheit erfordern[14]. Ausgehend vom persönlichen Nähe- und Vertrauensverhältnis der Gesellschafter in der gesetzestypischen Personengesellschaft, verzichtet das Gesetz auf anlegerschützende Vorschriften wie sie für die typischen Publikumsgesellschaften AG und KGaA bestehen[15].

---

[8] Z.B. BGH LM Nr.6 § 149 HGB; BGH NJW 1980, 1522; BGH NJW 1982, 2253; insofern daher unzutreffend *H.P. Westermann*, FS Fleck, S. 427, der die Problematik auf die GmbH & Co. KG verengt.

[9] BGH NJW 1990, 2684; NJW 1994, 1156.

[10] Da nicht alle Gesellschaften ihre steuerlich geltend zu machenden Verluste durch Abschreibungen erzielen, trifft der Begriff „Verlustzuweisungsgesellschaften" den Zweck der Gesellschaften genauer, vgl. *Tipke/Lang*, Steuerrecht, S. 342; *Hüffer*, JuS 1979, S. 458.

[11] *K.Schmidt*, Gesellschaftsrecht, S. 1396, Baumbach/*Hopt*, HGB, Anh. § 177a, Rn. 52, 55; *Hüffer*, JuS 1979, S. 457.

[12] Münchener Kommentar-*P. Ulmer*, BGB, Vor § 705, Rn. 1, 13; *Flume*, Allg. Teil des Bürgerl. Rechts I/1, S. 2; *H. P Westermann*, Handbuch der Personengesellschaften I, § 1 Rn. 1; *Kübler*, Gesellschaftsrecht, S. 1, 19.

[13] *Hüffer*, JuS 1979, S. 457; *Hueck*, Gesellschaftsrecht, S. 13; vgl. auch *Ebenroth/Autenrieth*, JA 1980, S. 13.

[14] *Kübler*, Gesellschaftsrecht, S. 277 f.

[15] Vgl. dazu schon oben S. 19.

Der Anleger hingegen, der sein Kapital durch die Beteiligung an einer Publikumspersonengesellschaft gewinnbringend anlegen will, hat einen vorformulierten Gesellschaftsvertrag zu akzeptieren[16], in dem er weitgehend auf Mitwirkungs- und Kontrollrechte verzichtet, bzw. diese auf einen Ausschuß, Beirat oder Aufsichtrat überträgt, dessen Mitglieder nicht selten mit den Gesellschaftsgründern rechtlich oder wirtschaftlich verbunden sind[17]. Häufig werden nicht die Kapitalanleger selber Gesellschafter sondern ein Treuhänder, der das Kapital vieler Anleger sammelt. Die Treugeber sind bei dieser Konstruktion der mittelbaren Anlagegesellschaft regelmäßig in einer Gesellschaft bürgerlichen Rechts zusammengeschlossen[18].

Bei beiden Organisationsformen fehlt das für gesetzestypische Personengesellschaften vorausgesetzte enge Nähe- und Vertrauensverhältnis der Gesellschafter untereinander. Angesichts der großen Anzahl ständig wechselnder Anteilseigner ist es dem einzelnen Gesellschafter einer Publikumspersonengesellschaft praktisch unmöglich, seine Mitgesellschafter zu kennen. Diese Unpersönlichkeit des Gesellschaftsverhältnisses wirkt sich auch bei der Aufnahme neuer Gesellschafter aus. Diese erfolgt in eine bestehende gesetzestypische Personengesellschaft, mit Rücksicht auf das bestehende besondere Vertrauensverhältnis der Anteilseigner untereinander, grundsätzlich durch Vertrag der Altgesellschafter mit dem Neugesellschafter[19]. Die Gesellschaftsverträge der Publikumspersonengesellschaften enthalten dagegen üblicherweise Klauseln, nach denen die Gesellschaft, der Komplementär oder bei der GmbH & Co. KG der Geschäftsführer der Komplementär-GmbH zum Abschluß von Beitrittsverträgen mit neuen Anlegern im Namen der bisherigen Gesellschafter ermächtigt wird[20]. Solche Vertragsklauseln sind vom BGH auch für zulässig befunden worden[21].

Die gesellschaftsvertragliche Anlehnung an die Strukturen von Kapitalgesellschaften, die aufgrund der Gestaltungsfreiheit im Recht der Personengesellschaften zulässig ist und eine erhebliche Abweichung vom gesetzlichen Leit-

---

[16] Baumbach/*Hopt*, HGB, Anh. § 177a, Rn. 52; *Dietrich*, Die Publikums-KG, S. 2; *Ebenroth/Autenrieth*, JA 1980, S. 9; *Kellermann*, FS Stimpel, S. 298; *Kraft*, FS Fischer, S. 323; Schlegelberger/*Martens*, § 161, Rn. 128; zu den Typusmerkmalen der Publikumspersonengesellschaften vgl. auch BGHZ 64, 238.

[17] *Kübler*, Gesellschaftsrecht, S. 277 f.; vgl. dazu auch BGHZ 64, 238, 244.

[18] So z.B. BGHZ 73, 294; 76, 127; OLG München, WM 1991, 100; vgl. auch Schlegelberger/*Martens*, HGB; § 161, Rn. 132; *Wiedemann*, Gesellschaftsrecht I, S. 501; *Dietrich*, Die Publikums-KG, S. 2; *K. Schmidt*, Gesellschaftsrecht, S. 1398; vgl. zu Treuhandkonstruktionen auch *Ebenroth/Autenrieth*, JA 1980, S. 14., *Schilling* in Großkommentar HGB, Anh. § 161, Rn. 3. Vgl. allgemein zur Institution des Beirats bei Personengesellschaften *U. H. Schneider*, DB 1973, S. 953 ff.

[19] BGHZ 26, 330, 333; 76, 160, 164; Baumbach/*Hopt*, HGB, § 105, Rn. 67; *K. Schmidt*, Gesellschaftsrecht, S. 1400 f.; *Hüffer*, Gesellschaftsrecht, S. 170; Schlegelberger/*Martens*, HGB, § 161, Rn. 136.

[20] BGH WM 1976, 15; WM 1978, 136; *K. Schmidt*, Gesellschaftsrecht, S. 1083, 1400; Baumbach/ *Hopt*, HGB, Anh. § 177a, Rn. 57; *Kellermann*, FS Stimpel, S. 298.

[21] BGH NJW 1978, 1000; anders noch BGHZ 26, 300, 333 f.

bild der Personengesellschaft bedeutet, hat dazu geführt, daß die Publikumspersonengesellschaften auch als kapitalistische Personengesellschaften bezeichnet werden[22].

c) Motive der Anleger-Gesellschafter

Die Beteiligung an einer Publikumspersonengesellschaft ist für den Kapitalanleger in erster Linie aus steuerlichen Gründen interessant[23]. Der Anteilseigner an einer Kapitalgesellschaft hat seinen Anteil am Gewinn als Einkommen aus Kapitalvermögen zu versteuern. Erwirtschaftet seine Gesellschaft hingegen Verluste, so kann der Gesellschafter weder seinen Anteil am Verlust, noch eine mögliche Wertminderung seiner Gesellschaftsbeteiligung steuermindernd geltend machen.

Anders sieht die Behandlung für den Teilhaber an einer Personengesellschaft aus. Nach § 15 EStG sind Einkünfte aus der Beteiligung an einer Personengesellschaft Einkünfte aus Gewerbebetrieb i.S.v. § 2 Abs. 1 Nr. 2 EStG, sofern der Gesellschafter als Mitunternehmer anzusehen ist. Wesentliches Kriterium dafür ist das Mittragen des wirtschaftlichen Risikos, also die Teilhabe an Gewinn und Verlust[24]. Die Möglichkeit, Gewinne aus anderen Einkunftsarten mit Verlusten aus einem Gewerbebetrieb bei der Ermittlung des Gesamtbetrages der Einkünfte nach § 2 Abs. 3 EStG zu verrechnen und dadurch steuerliche Progressionsvorteile zu erlangen[25], kann sogar dazu führen, daß der Anleger-Gesellschafter gerade an Verlustzuweisungen aus seiner Kapitalbeteiligung interessiert ist. Um den Mißbrauch dieser Steuerabschreibungsmöglichkeit einzugrenzen, führte der Gesetzgeber den 15a EStG ein, der die Verrechungsmöglichkeiten für die grundsätzlich nur beschränkt haftenden Kommanditisten auf den Betrag ihres tatsächlichen wirtschaftlichen Risikos begrenzt.

---

[22] *Eisenhardt*, Gesellschaftsrecht, Rn. 145 ff.; *Wiedemann*, Gesellschaftsrecht I, S. 101 ff. m.w.N.

[23] Baumbach/*Hopt*, HGB, Anh. § 177a, Rn. 55; *Kellermann*, FS Stimpel, S. 296; *Kraft*, FS Fischer, S. 322; *Krieger*, FS Stimpel, S. 308 f.; *K. Schmidt*, Gesellschaftsrecht, S. 1396; *Wiedemann*, Gesellschaftsrecht I, S. 50; Schlegelberger/*Martens*, HGB, § 161, Rn. 135.

[24] *Knobbe-Keuk*, Bilanz- und Unternehmenssteuerrecht, S. 381 f.; *Tipke/Lang*, Steuerrecht, § 9, Rn. 507; *L. Schmidt*, EStG, § 15, Anm. 49c m.w.N.

[25] Zur einkommenssteuerrechtlichen Behandlung von Verlusten aus einer Beteiligung vgl. im einzelnen *Hüffer*, JuS 1979, S. 457 ff.; *Sack*, DB 1974, S. 1657; *Rose*, Ertragssteuern, S. 73 ff.; *Knobbe-Keuk*, Bilanz- und Unternehmenssteuerrecht, S. 482 ff.; *Kübler*, Gesellschaftsrecht, S. 260 f.

d) Motive der Gesellschaftsinitiatoren

Für die Gründer eines Unternehmens kann die Rechtsform der Publikumspersonengesellschaft aus verschiedenen Gründen interessant sein. Sie ermöglicht ihnen, durch die Aufnahme einer Vielzahl von rein kapitalistisch beteiligten Anleger-Gesellschaftern kapitalintensive Projekte zu realisieren, für die eigentlich die kapitalgesellschaftsrechtlichen Publikumsgesellschaften konzipiert sind. Gleichzeitig unterliegen sie aber nicht deren strengen Gründungs- und Organisationsvorschriften[26]. Die Gesellschafter können über die Finanzausstattung ihres Unternehmens frei bestimmen, ein Mindest- oder Stammkapital wie bei den Kapitalgesellschaften kennt das Personengesellschaftsrecht nicht.

Die meisten Publikumspersonengesellschaften werden in der Rechtsform der Kommanditgesellschaft gegründet. Die Haftung der Anleger-Gesellschafter kann so durch die Beteiligung als Kommanditist beschränkt werden. Komplementärin wird in der Regel eine GmbH, deren Gesellschafter die Initiatoren der Publikumspersonengesellschaft sind[27]. Diese beschränken so ihr finanzielles Risiko auf das Stammkapital der Komplementär-GmbH[28]. Da ihnen das Gesetz, sofern sie Geschäftsführer der GmbH sind, nach § 161 Abs. 2 i.V.m. §§ 114, 115, 125 f., 164 Satz 1, 170 HGB die alleinige Geschäftsführungs- und Vertretungsbefugnis der GmbH & Co. KG zuweist[29], bietet ihnen die Gründung einer Publikumspersonengesellschaft die Möglichkeit, alleinunternehmerisch Großprojekte zu realisieren und dabei nur in geringem Umfang eigene Mittel einzusetzen[30].

Bei vielen Publikumspersonengesellschaften steht jedoch nicht das geplante Projekt im Vordergrund, sondern die Reaktion auf die Nachfrage nach steuerbegünstigten Kapitalanlagen, insbesondere in Form von Immobilien. Sog. Projektentwicklern oder Kapitalanlagegesellschaften bieten sich auf diesem Markt lukrative Verdienstmöglichkeiten. So fallen in den Werbeprospekten der Publikumspersonengesellschaften immer wieder Steuerberatungs-, Treuhand-, Verwaltungs-, Finanzierungs-, Vermittlungs- und ähnliche Unternehmen auf, an denen die Initiatoren der Gesellschaft direkt oder indirekt beteiligt sind und deren Leistungen die Gesellschaft gegen Entgelt in Anspruch nimmt. Nicht selten kann so der Eindruck entstehen, die Publikumspersonengesellschaft sei vorrangig aus dem Grund gegründet worden, um den Gründern über ihre diversen Dienste die stattlichen Gebühren und Provisionseinnahmen zu verschaffen.

---

[26] Ebenso *Dietrich*, Die Publikums-KG, S. 3 f.; *Kraft*, FS Fischer, S. 322.

[27] Vgl. z.B. BGHZ 76, 231; *Schilling* in Großkommentar HGB, Anh. § 161, Rn. 1.

[28] *Dietrich*, Die Publikums-KG, S. 4.

[29] Zu den Vorteilen der Abschreibungsgesellschaft als GmbH & Co. KG für die Gesellschaftsinitiatoren vgl. auch *Uhlenbruck*, Abschreibungsgesellschaften, S. 8.

[30] Nach BGHZ 64, 238, 241 bleiben die Initiatoren einer Publikumspersonengesellschaft die eigentlichen Unternehmensgesellschafter.

Nicht selten sind bei Treuhandkonstruktionen sogar die Treuhänder die Initiatoren oder von ihnen abhängige Strohmänner[31].

e) Das Sonderrecht der Publikumspersonengesellschaften

Die Abweichungen der Publikumspersonengesellschaften vom Leitbild der gesetzestypischen Personengesellschaften bergen für die Anleger-Gesellschafter erhebliche Risiken. Diese resultieren aus der kapitalistischen Struktur dieses Gesellschaftstyps, der nicht die kapitalgesellschaftsrechtlichen Anlegerschutzvorschriften gegenüberstehen[32]. Auch organisationsrechtlich ist die Rechtsform der Personengesellschaft für Massengesellschaften weniger geeignet. Die Rechtsprechung hat sich darauf, nicht zuletzt wegen der zahlreichen Zusammenbrüche von Publikumspersonengesellschaften, eingestellt und für diesen Gesellschaftstyp Sonderregeln entwickelt[33].

Schutzbedürftig sind die Anleger-Gesellschafter insbesondere im Hinblick auf ihre fehlende Mitwirkung an der Gestaltung des Gesellschaftsvertrages und dem darin regelmäßig vereinbarten Verzicht auf die personengesellschaftsrechtlichen Mitwirkungs- und Kontrollrechte. Nach der Rechtsprechung des BGH sind deshalb Gesellschaftsverträge von Publikumspersonengesellschaften der Inhaltskontrolle unter Berücksichtigung von Treu und Glauben nach § 242 zugänglich und unter objektiven Gesichtspunkten restriktiv auszulegen[34]. Vertragsänderungen müssen ungeachtet des personengesellschaftsrechtlichen Bestimmtheitsgrundsatzes durch Mehrheitsbeschlüsse möglich sein[35]. Zur Kontrolle der Geschäftsführung einer Publikumspersonengesellschaft muß die Gesellschafterversammlung die Möglichkleit haben, ein Kontrollorgan ohne Milderung des Haftungsmaßstabs nach § 708 BGB einzurichten[36]. Wurde der Anleger-Gesellschafter durch arglistige Täuschung zum Gesellschaftsbeitritt veranlaßt, so kann er entgegen der Regelung in §§ 161 Abs. 2, 133 HGB seine

---

[31] *Kübler*, Gesellschaftsrecht, S. 280.

[32] *Hüffer*, JuS 1979, S. 460; vgl. auch *Krieger*, FS Stimpel, S. 309; *Hueck*, Gesellschaftsrecht, S. 160.

[33] Beginnend mit BGH NJW 1973, 1604; vgl. dazu insbesondere *Kellermann*, FS Stimpel, S. 295 ff.; *Kraft*, FS Fischer, S. 321 ff.; *Krieger*, FS Stimpel, S. 307 ff.; *Stimpel*, FS Fischer, S. 771 f.; *Kübler*, Gesellschaftsrecht, S. 278 ff.; *K. Schmidt*, Gesellschaftsrecht, S. 1400 ff; *ders.* in Schlegelberger, HGB, § 161, Rn 136 ff.; *Hueck*, Gesellschaftsrecht, S. 160 ff.; *Ebenroth/ Autenrieth*, JA 1980, S. 8 ff.

[34] Grundlegend BGHZ 64, 238, 241, 244 f.; 84, 11, 14; BGH WM 1978, 87 f.; WM 1979, 612 f.; WM 1979, 672; BB 1984, 170. Vgl. im übrigen Schlegelberger/*Martens*, HGB, § 161 Rn. 139 ff.; Stimpel, FS Fischer, S. 772; *Kraft*, FS Fischer, S. 323 ff.; *Kellermann*, FS Stimpel, S. 297.

[35] BGHZ 71, 53, 58. Vgl. auch *Wiedemann*, Gesellschaftsrecht I, S. 502; *Schilling* in Großkommentar HGB, Anh. § 161, Rn 24; Schlegelberger/*Martens*, HGB, § 161, Rn. 149; *Kellermann*, FS Stimpel, S. 301 ff.; *Kraft*, FS Fischer, S. 332 f.; *Stimpel*, FS Fischer, S. 778.

[36] BGHZ 69, 207; BGH WM 1977, 1446; WM 1979, 1425 f.; vgl. auch *Schilling* in Großkommentar HGB, Anh. § 161, Rn. 40.

Beteiligung fristlos kündigen und muß nicht auf Auflösung der Gesellschaft klagen[37].

Organisationsrechtlich hatte sich die Rechtsprechung insbesondere mit dem Ein- und Austritt von Anleger-Gesellschaftern auseinanderzusetzen. Aus praktischen Gründen entschied der BGH, daß abweichend von der gesetzlichen Regelung die persönlich haftenden Gesellschafter ermächtigt werden, im Namen und mit Wirkung für die Anleger-Gesellschafter Aufnahmeverträge mit neuen Anteilseignern abzuschließen.

Die Vertragspraxis hat sich den Sonderregeln der Rechtsprechung weitgehend angepaßt. Die Rechtsprechung kann im Rahmen dieser Arbeit auch nicht erschöpfend dargestellt werden. Es läßt sich jedoch zusammenfassend festhalten, daß der BGH in Hinblick auf die kapitalistische Struktur der Publikumspersonengesellschaften dazu neigt, die aktienrechtlichen Grundsätze[38] zum Anlegerschutz auf die Publikumspersonengesellschaften anzuwenden[39].

f) Gesplittete Einlage

Von den vielfältigen Erscheinungsformen der Kapitalanlage-Personengesellschaften sind für die vorliegende Untersuchung von besonderem Interesse die Publikumskommanditgesellschaften mit gesplitteter Einlage. Bei dieser Gesellschaftsform beteiligen sich die Kapitalanleger als Kommanditisten und gewähren der Gesellschaft zusätzlich zu ihrer Kommanditeinlage ein Darlehen oder eine stille Einlage. Dabei übersteigt der als formelles Fremdkapital zu leistende Gesellschafterbeitrag die Kommanditeinlage meist um ein Vielfaches[40]. Der Grund für dieses „Einlagensplitting" liegt in den bereits dargelegten steuerlichen Vorzügen der Publikumspersonengesellschaften. Die Anleger-Gesellschafter sind an Verlustzuweisungen interessiert, die sie mit Gewinnen aus anderen Einkunftsarten verrechnen können. Ein hoher Fremdkapitalanteil an der Gesellschaftsfinanzierung vergrößert die Verluste der Gesellschaft durch den Zinsaufwand für das Fremdkapital. Daneben dürfte aber auch die vermeintliche Sicherheit von Fremdkapital gegenüber dem Eigenkapital aus Sicht der Kapitalanleger für eine hohe Fremdkapitalfinanzierung aus Gesellschafterhand sprechen.

---

[37] BGH NJW 1973, 1604 ff.; NJW 1975, 1700 f.; NJW 1978, 225; WM 1981, 452. Vgl. dazu auch Baumbach/*Hopt*, HGB, Anh. 177a, Rn. 58; *Kraft*, FS Fischer, S. 323 f.

[38] Vgl. dazu schon oben S. 19.

[39] Ebenso Baumbach/*Hopt*, HGB, Anh. § 177a, Rn. 53; im Ergebnis wohl auch *Kraft*, FS Fischer, S. 337.

[40] In den hier herangezogenen Fällen betrug der Anteil formellen Fremdkapitals zwischen dem zwei- und dem vierfachen Betrag der Kommanditeinlage.

2. Die Rechtsprechung zum Eigenkapitalersatz bei Publikumspersonengesellschaften mit gesplitteter Einlage

Die aus steuerlichen und haftungsrechtlichen Gründen verfolgte niedrige Eigenkapitalausstattung der Publikumskommanditgesellschaften hat zu einer beträchtlichen Zahl von Zusammenbrüchen solcher Gesellschaften geführt, die Schäden in Milliardenhöhe verursacht haben[41]. In den anschließenden Konkursverfahren versuchten die Anlage-Gesellschafter regelmäßig, wie die aussenstehenden Drittgläubiger ihre Darlehen als Forderungen zur Konkurstabelle anzumelden, bzw. noch nicht geleistete Fremdkapitalleistungen zu kündigen oder zu widerrufen. Da die Aufnahme der Gesellschafterforderungen in die Konkurstabelle, bzw. die Zulässigkeit des Widerrufs noch nicht erfüllter Finanzierungsversprechen zu einer Verminderung der Konkursquote führt, hatte sich der BGH mehrfach mit der Frage auseinanderzusetzen, ob und unter welchen Voraussetzungen die Teile der gesplitteten Gesellschaftereinlage, die formell als Fremdkapital bezeichnet wurden, wie Eigenkapital zu behandeln waren. Die Entscheidungen dazu sollen im folgenden dargestellt werden und anschließend ihre Tatbestandsvoraussetzungen und Rechtsfolgen untersucht werden.

a) BGHZ 70, 61[42]

In dem ersten derartigen Fall, mit dem sich der BGH auseinanderzusetzen hatte, handelte es sich um eine Publikums-Kommanditgesellschaft (Publikums-KG), bei der die Anleger-Kommanditisten ein Darlehen in vierfacher Höhe ihrer Kommanditeinlage zu gewähren hatten. Nach dem Gesellschaftsvertrag sollten für die Hypothekendarlehen gesonderte Verträge geschlossen werden. Nachdem der Kläger von wirtschaftlichen Schwierigkeiten der Gesellschaft Kenntnis erlangt hatte, kündigte er sein Darlehen und erstreckte später die Kündigung auch auf die Kommanditbeteiligung. Mit seiner Klage verlangte der Kläger Rückzahlung des Darlehens in Höhe von DM 8.000,—.

Der BGH hat zunächst grundsätzlich festgestellt, daß auch ein Gesellschafter einen selbständigen Darlehensvertrag mit der Gesellschaft schließen könne, der dann den schuldrechtlichen Bestimmungen unterworfen sei. Anders liege es, wenn der Abschluß des Darlehensvertrages als echte Gesellschafterpflicht und der Anspruch auf Rückzahlung als gesellschaftsvertraglicher Anspruch ausgestaltet sei. In diesem Fall sei eine selbständige Kündigung des Darlehens unzu-

---

[41] Ähnlich *Hüffer*, JuS 1979, S. 458; *Ebenroth/Autenrieth*, JA 1980, S. 9; *U. Schneider*, ZHR 142 (1978), S. 231; Schlegelberger/*Martens*, HGB, § 161, Rn. 133; *Uhlenbruck*, Die GmbH & Co. KG, S. 1 f.; *Wiedemann*, Gesellschaftsrecht I, S. 502.

[42] = WM 1978, 85.

lässig. Folglich kommt es darauf an, wie das Darlehen zu qualifizieren ist. Der BGH entschied, daß zur Beantwortung dieser Frage die getroffenen Vereinbarungen unter Berücksichtigung der bei Vertragsschluß vorliegenden Gesamtumstände auszulegen seien. Auch wenn nicht alles, was im Gesellschaftsvertrag stünde, zwingend gesellschaftliche Rechte und Pflichten begründe, so sei im Zweifel von einem echten Bestandteil des Gesellschaftsvertrages auszugehen, wenn dieser bei einer Massengesellschaft die Beitragspflichten zu einer Bedingung für alle beitretenden Anlage-Kommanditisten mache und die zusätzlichen Beiträge zur Erreichung des Gesellschaftszwecks unerläßlich seien. Der BGH ging daher im vorliegenden Fall von einer echten gesellschaftsvertraglichen Pflicht aus und verneinte die wirksame Kündbarkeit des Darlehens. Gegen eine Einordnung der Pflicht zur Darlehensgewähr als echter Gesellschafterpflicht spreche auch nicht, daß eine selbständige Kündigung des Gesellschaftsverhältnisses möglich sei. Auch die selbständige Abtretbarkeit und Beleihungsfähigkeit des Rückzahlungsanspruchs, die in dem Darlehensvertrag vereinbart worden war, sei nur eine Niederschrift dessen, was § 717 BGB für den Anspruch auf den Gewinnanteil und das Auseinandersetzungsguthaben vorsehe.

b) BGH LM Nr. 6 zu § 149 HGB[43]

Dieser Fall war dem von BGHZ 70, 61 sehr ähnlich. Wieder verweigerte der beklagte Anlage-Kommanditist die Zahlung des noch ausstehenden Teils des als Beitrag geschuldeten Darlehens an die Publikums-KG, weil die Gesellschaft in wirtschaftliche Schwierigkeiten geraten war. Mit Verweis auf BGHZ 70, 61 qualifizierte der BGH das Darlehen als Teil der gesellschaftlichen Beitragspflicht und lehnte eine Widerrufsmöglichkeit nach § 610 BGB ab. Eine Kündigung sei in einem solchen Fall nur möglich, wenn die gesellschaftsvertraglichen Bindungen nicht entgegenstehen.

c) BGH NJW 1980, S. 1522[44]

In der Entscheidung BGH NJW 1980, 1522 waren die Anlage-Kommanditisten einer Publikumskommanditgesellschaft gesellschaftsvertraglich verpflichtet, neben der Kommanditeinlage eine stille Beteiligung in doppelter Höhe der Einlage zu übernehmen. Im Gesellschaftsvertrag war bestimmt worden, daß die stillen Gesellschafter mit ihrer Beteiligung am Verlust nicht teilnehmen und ihre Haftung auf das eingezahlte Kapital beschränkt ist. Eine Nachschußpflicht

[43] = WM 1978, 898.
[44] = WM 1980, 332.

solle nicht bestehen. Der Beklagte leistete zunächst nur seine Kommanditeinlage von 50.000,— DM. Die in Liquidation befindliche Publikums-KG klagte auf Zahlung der restlichen 100.000,— DM auf die stille Beteiligung des Beklagten.

Dem Begehren der Klägerin wurde mit der Begründung stattgegeben, die stillen Beteiligungen seien Teil der Eigenkapitalausstattung geworden und seien daher auch in der Liquidation zu erbringen, soweit dies zur Befriedigung der Gesellschaftsgläubiger erforderlich sei. Kriterien für die Qualifizierung der stillen Beteiligung als Teil der Eigenkapitalausstattung waren nach Ansicht des BGH die Übernahme einer stillen Beteiligung als notwendiger Bestandteil der gesellschaftsvertraglichen Beitrittsverpflichtung und nicht als typische Übernahme durch einen außenstehenden Dritten und die Notwendigkeit der stillen Einlagen zur Erreichung des Gesellschaftszwecks. Insbesondere wäre die dafür notwendige Aufnahme von Fremdmitteln ohne eine entsprechende Eigenkapitalgrundlage nicht möglich gewesen. Da die stille Beteiligung Teil der Eigenkapitalausstattung sei, hätten auch sich aus dem stillen Gesellschaftsverhältnis ergebende Ansprüche gegen die Gesellschaft hinter denen der Drittgläubiger zurückzustehen. Auch die Vereinbarung, daß die stille Beteiligung am Verlust nicht teilnehme, spreche nicht gegen dieses Ergebnis. Ihr komme vielmehr nur die Bedeutung zu, daß die Verluste ausschließlich den Kommanditeinlagen zu belasten seien und die stillen Einlagen im Liquidationsverfahren nur dann in Anspruch genommen werden dürften, wenn die Einlagen der Kommanditisten und der persönlich haftenden Gesellschafterin aufgezehrt seien. Im vorliegenden Fall hat der BGH die Notwendigkeit des Rückgriffs auf die stillen Beteiligungen zur Befriedigung der außenstehenden Gläubiger angenommen und damit der Klage stattgegeben.

d) BGH NJW 1981, S. 2251[45]

In der Entscheidung BGH NJW 1981, 2251 hatten die Anlage-Kommanditisten neben ihrer Einlage eine stille Beteiligung in vierfacher Höhe der Kommanditeinlage zu übernehmen. Im Konkurs der Publikumskommanditgesellschaft meldete der klagende Anleger den Betrag seiner stillen Beteiligung als Konkursforderung an. Er stützte seine Klage auf § 341 Abs. 1 HGB a.F. (§ 236 Abs. 1 HGB n.F.) und eine Regelung im Gesellschaftsvertrag, nach der die stillen Gesellschafter mit ihrer Beteiligung nicht am Verlust teilnähmen, ihre Haftung auf das eingezahlte Kapital begrenzt sei und eine Nachschußpflicht nicht bestünde.

---

[45] = WM 1981, 761 = ZIP 1981, 734.

Der BGH hat die Klage auf Feststellung der Forderung zur Konkurstabelle abgewiesen. § 341 I HGB a.F. sei nicht anwendbar, wenn die stille Beteiligung an einer Publikumsgesellschaft Teil der gesellschaftsvertraglichen Beitragspflicht und zur Erreichung des Gesellschaftszwecks unerläßlich sei. Der Kläger habe die stille Beteiligung weder als Außenstehender noch ausdrücklich unabhängig von der Kommanditbeteiligung übernommen und müsse sich deshalb auch bezüglich seiner stillen Beteiligung als Mitunternehmer behandeln lassen. Er könne daher im Konkurs der Gesellschaft nicht als Gläubiger auftreten. Die Bewertung der stillen Einlagen als Eigenkapital ergäbe sich aus dem Gesellschaftsvertrag. Die darin festgelegten Objekte hätten nur realisiert werden können, wenn Kommanditeinlage und stille Beteiligungen die Eigenkapitalgrundlage der Gesellschaft bildeten[46]. Die Befreiung von der Verlustteilnahme sei dahingehend auszulegen, daß Verluste ausschließlich den Kommanditeinlagen zu belasten seien. Zwar könnten auch die Gesellschafter zu den Konkursgläubigern ihrer Gesellschaft gehören, das gelte aber nicht bezüglich der aktiven Kapitalanteile, die Eigenkapitalcharakter hätten. Selbst ein vertraglich vom Verlust befreiter Gesellschafter könne seinen Aktivsaldo nicht zur Konkurstabelle anmelden. Dies müsse ebenso für stille Einlagen gelten, die den Charakter von Eigenkapital haben.

e) BGH NJW 1982, S. 2253[47]

Im Gesellschaftsvertrag einer Publikums-Kommanditgesellschaft war der vom Anlage-Kommanditisten zu erbringende Beitrag in eine „Kommanditeinlage“ und in ein „Darlehen“ in dreifacher Höhe des Kommanditanteils gesplittet. Der beklagte Anleger hatte im vorliegenden Fall 7.500,— DM auf die Kommanditeinlage und 22.500,— DM auf das Darlehen an die Gesellschaft gezahlt. Der Konkursverwalter einer anderen Gesellschaft, die eine bereits festgetellte Forderung gegen die Kommanditgesellschaft hatte, verlangte vom Beklagten nochmalige Zahlung von 22.500,— DM aus § 171 Abs. 1 HGB mit der Begründung, der Anleger habe haftungsbefreiend erst DM 7.500,— auf seine im Handelsregister eingetragene Kommanditeinlage geleistet.

Der Bundesgerichtshof hat die Klage des Konkursverwalters abgewiesen. Dem Gesellschaftsvertrag entnahm das Gericht, daß der Beklagte eine „Beteiligung“ in Höhe der im Handelsregister einzutragenden Haftsumme von 30.000,— DM übernommen hatte. Die aus Darlehen und Kommanditbeteiligung zusammengesetzte Gesamtbeteiligung sei daher gleich der Haftsumme.

---

[46] Darüberhinaus war die stille Einlage zusammen mit der Kommanditeinlage im Gesellschaftsvertrag als „Gesellschaftskapital“ bezeichnet worden, in Schreiben der Gesellschaft auch ausdrücklich als „Eigenkapital“.

[47] = WM 1982, 742 = ZIP 1982, 935.

Jede Leistung auf diese „Beteiligung“ stelle eine haftungsbefreiende Zahlung i.S.v. §§ 171, 172 HGB dar. Die Aufspaltung der Hafteinlage in Kommanditbeteiligung und Darlehen sei maßgeblich nur im Innenverhältnis der Gesellschafter untereinander. Bei dieser Ausgestaltung des Gesellschafterbeitrags habe die Beteiligung insgesamt den Charakter haftenden Eigenkapitals und bilde so einen wesentlichen Teil der Haftungsgrundlage der Gesellschaft, die im Konkurs der Gesellschaft den Gesellschaftsgläubigern zur Verfügung zu stehen habe.

f) BGHZ 93, 159[48]

Die Beklagte war einer Publikums-KG mit einem Gesamtbeitrag von 100.000,— DM zuzüglich 5% Agio beigetreten, der sich in eine Komanditeinlage von 20.000,— DM und ein Darlehen von 80.000,— DM aufteilte. Die Beklagte zahlte zunächst 20.000,— DM an die Kommanditgesellschaft und später weitere 60.000,— DM. Im Konkurs der Gesellschaft verlangte der Konkursverwalter Zahlung der noch ausstehenden 25.000,— DM. Die Beklagte verweigerte die Zahlung des noch ausstehenden Darlehensbetrags, u.a weil sie Darlehenszusage nach § 610 BGB widerrufen habe, hilfsweise rechne sie mit einer Gegenforderung auf Auskehrung einer Investitionszulage auf, die den Kommanditisten im Beitrittsprospekt der Gesellschaft zugesagt worden war. Mangels anderweitiger Feststellungen ging der BGH davon aus, daß die Gesellschaft diese Zulage zwar vereinnahmt, aber nicht an die Gesellschafter ausgezahlt hatte.

Unter Verweis auf seine frühere Rechtsprechung[49] schloß der Bundesgerichtshof eine Kündigung des Darlehens nach § 610 BGB aus, da die Verpflichtung zur Gewährung des Darlehens Teil der gesellschaftsvertraglichen Beitragspflicht sei. Die Pflichteinlage habe insgesamt Eigenkapitalcharakter und könne daher vom Konkursverwalter auch insoweit eingefordert werden, als sie die Haftsumme übersteige und zur Befriedigung der Gläubiger erforderlich sei. Auch die Aufrechenbarkeit der Forderungen verneinte der BGH. Anspruchsgegner für Schadensersatzansprüche aus Prospekthaftung sei nicht die Gesellschaft, sondern die Initiatoren, Gründer und Gestalter derselben. Auch Schadensersatzansprüche wegen erlittener steuerlicher Nachteile, die durch fehlerhafte Buchführung und Bilanzierung entstanden seien, könnten nicht gegen die Gesellschaft, sondern nur gegen den geschäftsführenden Gesellschafter geltend gemacht werden.[50] Bezüglich des behaupteten Anspruchs auf Auszahlung der

---

[48] = NJW 1985, 1468 = WM 1985, 258.

[49] Insbesondere BGH 70, 61 und BGH LM Nr.6 zu § 149 HGB.

[50] Im Gesellschaftsvertrag war eine dahingehende Vereinbarung getroffen worden, vgl. BGHZ 93, 159, 163.

Investitionszulage wies der BGH darauf hin, daß dies eine Rückzahlung von Gesellschafterbeiträgen bedeute, da die Ausschüttung ohne eine in das Gesellschaftsvermögen fließende Gegenleistung zugesagt worden sei und nicht aus Gewinnen der Gesellschaft erfolge. Leistungen von Kommanditisten einer Publikumsgesellschaft, die den Charakter von Eigenkapital haben, müßten im Konkurs der Gesellschaft den Gläubigern zur Verfügung stehen. Ansprüche der Gesellschafter auf Rückgewähr solcher Leistungen hätten dahinter zurückzutreten. Der Kommanditist gehöre daher mit diesem Anspruch nicht zu den Konkursgläubigern und könne mit diesem Anspruch auch nicht gegen eine Forderung der Gesellschaft aufrechnen.

g) BGH NJW 1985, S. 1079[51]

Der Gesellschaftsvertrag einer Publikums-Kommanditgesellschaft sah vor, daß das Gesellschaftskapital durch Kommanditeinlagen und stille Beteiligungen aufgebracht werden sollte, wobei eine stille Beteiligung nicht an eine Kommanditeinlage gekoppelt sein mußte. Den stillen Gesellschaftern wurden aber so weitgehende Mitwirkungs- und Kontrollrechte zugestanden, daß sie de facto den Kommanditisten rechtlich gleichgestellt waren. Da über die Hälfte des aufzubringenden Kapitals von stillen Gesellschaftern gestellt werden sollte, hatten diese sogar die Möglichkeit, bei Mehrheitsentscheidungen mit einfacher Mehrheit die Kommanditisten zu überstimmen. In der Liquidation der Gesellschaft verlangte der Liquidator vom Beklagten Zahlung der noch ausstehenden stillen Einlage. Der beklagte stille Gesellschafter verweigerte die Zahlung mit der Begründung, im Stadium der Abwicklung müsse er seine Einlage nicht mehr erbringen, spätestens sei die Verpflichtung dazu aber mit der Kündigung seiner stillen Beteiligung entfallen.

Der BGH hat der Klage stattgegeben, da die stille Beteilligung nach den im Gesellschaftsvertrag getroffenen Vereinbarungen Teil der Eigenkapitalausstattung der Kommanditgesellschaft geworden sei, die den Gläubigern als Haftungsmasse zur Verfügung zu stehen habe. Den stillen Gesellschaftern sei in atypischer Wiese eine kommanditistenähnliche Stellung eingeräumt worden, in der sie die Geschicke der Gesellschaft maßgeblich mitbestimmen konnten. Mit dieser besonderen Stellung stünde es in Widerspruch, wenn die stillen Gesellschafter im Konkurs den sonstigen Drittgläubigern gleichgestellt würden. Wer die Geschicke des Handelsgeschäfts, an dem er sich beteiligt, mitbestimmt, müsse sein Beteiligungskapital als haftendes Eigenkapital behandeln lassen, das als solches mit den Einlagen der Kommanditisten, der unbeschränkten Haftung des Komplementärs die Kredit- und Haftungsgrundlage der Gesellschaft bilde. Daher sei ihren stillen Einlagen wie den Kommanditeinlagen der

---

[51] = BB 1985, 372 = JuS 1985 m. Anm. *K. Schmidt.*

Charakter von Eigenkapital zuzuerkennen. Gegen diese Wertung spreche auch nicht die Vereinbarung im Gesellschaftsvertrag, nach der die stillen Gesellschafter am Verlust der Gesellschaft nicht teilnähmen. Da den stillen Beteiligungen im Außenverhältnis Eigenkapitalfunktion zuzumessen sei, habe diese Regelung nur Bedeutung für die Frage, wie die Verluste im Innenverhältnis der Gesellschafter der KG und der stillen Gesellschafter zu verteilen seien.

h) BGHZ 104, 33[52]

Bei dieser Entscheidung handelte es sich nicht um eine Publikumsgesellschaft, sondern um eine normale GmbH & Co. KG mit überschaubarem Gesellschafterkreis. Sie verdient es dennoch, an dieser Stelle zitiert zu werden, da der BGH hier erstmals ausdrücklich entschied, daß seine bisher zu den Publikumspersonengesellschaften entwickelten Grundsätze zur Umqualifizierung von formellem Fremdkapital in materielles Eigenkapital grundsätzlich auch auf „normale“ Personengesellschaften anwendbar sind[53]. Die Kommanditisten waren in diesem Fall verpflichtet, ein Darlehenskonto bei der Gesellschaft zu führen, auf dem ein Guthaben von 80% der Kapitaleinlage zu unterhalten war. Die Klägerin hatte den Rückzahlungsanspruch von einem Kommanditisten abgetreten bekommen. Nachdem die Gesellschaft in Konkurs gefallen war, beantragte die Klägerin Feststellung ihrer Forderung zur Konkurstabelle. Der beklagte Konkursverwalter lehnte dies unter Hinweis auf den Eigenkapitalcharakter der Gesellschafterdarlehen ab.

Der BGH folgte dem Konkursverwalter in seiner Ansicht. Die Finanzplanung der Gesellschaft sei von Anfang an auf eine Kombination von Einlagen und Gesellschafterdarlehen angelegt gewesen. Die Gesellschafter seien gesellschaftsvertraglich zur Gewährung der Darlehen verpflichtet gewesen und nach der Vertragsgestaltung sei eine selbständige Kündigung de facto ausgeschlossen gewesen. Da die Darlehen zur Erreichung des Gesellschaftszwecks notwendig waren, käme diesen auch materiell Eigenkapitalfunktion zu. Mithin seien die Voraussetzungen erfüllt, die in ständiger Rechtsprechung zu den Publikumsgesellschaften vom BGH für die Umqualifizierung von Gesellschafter-Fremdmitteln in haftendes Eigenkapital aufgestellt worden seien. Diese Rechtsprechung sei jedoch nicht auf Besonderheiten der Publikumsgesellschaften gestützt, die untrennbar mit deren Besonderheiten verknüpft seien. Entscheidend sei vielmehr, daß den Gesellschafter-Fremdmitteln durch die besondere vertragliche Ausgestaltung materiell die Funktion von Eigenkapital zukomme. Die Frage, wann formelles Fremdkapital haftungsrechtlich wie materielles Eigenkapital zu behandeln sei, stelle sich für die „normale“ GmbH & Co. KG

---

[52] = ZIP 1988, 638 = NJW 1988, 1841.

[53] So schon *Joost*, ZGR 1987, S. 396.

genauso wie für die Publikums-GmbH & Co. KG. Wenn die Voraussetzungen für eine Umqualifizierung wie vorliegend erfüllt sind, so sind demnach auch bei einer „Normal-“ GmbH & Co. KG Gesellschafter-Fremdmittel wie haftendes Eigenkapital zu behandeln.

3. Zusammenfassung der Rechtsprechung

Die Rechtsprechungsübersicht zeigt, daß auch bei Personengesellschaften formelles Fremdkapital, das die Gesellschafter ihrer Gesellschaft in Form von Darlehen oder stillen Einlagen zur Verfügung stellen, unter bestimmten Voraussetzungen ähnlich wie Eigenkapital gebunden ist und nicht nach den normalen gesetzlichen Regeln gekündigt und zurückgefordert, bzw. zur Konkurstabelle angemeldet werden kann. Die Rechtsprechung stützt sich dabei nicht auf die GmbH-rechtlichen Grundsätze zu eigenkapitalersetzenden Gesellschafterdarlehen, sondern wendet auf die Publikumspersonengesellschaften mit gesplitteter Einlage besondere Regeln an[54].

Die Entwicklung der Rechtsprechung zu den Publikumspersonengesellschaften erfolgte in drei wesentlichen Schritten. Zunächst qualifizierte der BGH die Gesellschafterdarlehen unter bestimmten Voraussetzungen als Gesellschafterbeitrag und entzog sie den bürgerlich-rechtlichen Vorschriften zur Kündigung und Rückzahlung von Darlehen[55]. Später schloß er unter den gleichen Voraussetzungen aus der Beitragseigenschaft der Gesellschafterleistung auf deren Eigenkapitalcharakter bzw. Eigenkapitalfunktion[56]. Im weiteren Verlauf wendete der BGH bei Vorliegen der sonstigen Voraussetzungen die Rechtsprechungsgrundsätze auch auf formelle Fremdkapitalleistungen von Nichtgesellschaftern an[57] und erklärte schließlich seine an den Publikumspersonengesellschaften mit gesplitteter Einlage entwickelten Grundsätze auch über die Publikumspersonengesellschaften hinaus für anwendbar[58].

a) Die Tatbestandsvoraussetzungen

Der BGH ging zunächst davon aus, daß die Quasi-Eigenkapitalbehandlung von Gesellschafter-Fremdmitteln nur dann möglich sei, wenn die Fremdmittelgewährung atypisch ausgestaltet war, d.h. wenn die Pflicht zur Kapitalleistung

---

[54] Ebenso die Bewertung von *Joost*, ZGR 1987, S. 375.

[55] BGHZ 70 61; BGH LM Nr.6 zu § 149 HGB.

[56] Erstmals bezeichnete der BGH in NJW 1980, 1523 eine stille Beteiligung, die die Kommanditisten zu übernehmen hatten, als Teil der Eigenkapitalausstattung.

[57] BGH NJW 1985, 1079.

[58] BGHZ 104, 33, 39.

nicht als selbständige Leistung schuldrechtlich vereinbart war, sondern als echte Gesellschaftspflicht. Von einer echten Gesellschaftspflicht ist nach der Rechtsprechung im Zweifel auszugehen, wenn die Pflicht zur Kapitalleistung im Gesellschaftsvertrag einer Massengesellschaft vereinbart ist, alle Anleger-Gesellschafter in gleicher Weise verpflichtet sind und die so aufzubringenden Mittel zur Erreichung des Gesellschaftszwecks unerläßlich sind[59]. Die gesellschaftsvertragliche Verpflichtung und die Erforderlichkeit der Gesellschafter-Fremdmittel zur Erreichung des Gesellschaftszwecks werden im Verlauf der Rechtsprechung zu den zentralen Voraussetzungen für die Feststellung des Eigenkapitalcharakters der formellen Fremdkapitalleistungen[60]. In den Entscheidungen zu den gesplitteten Einlagen bei Publikumspersonengesellschaften hat der BGH diese Tatbestandsmerkmale präzisiert und zahlreiche Indizien für ihr Vorliegen entwickelt.

aa) Gesellschaftsvertrag einer Massengesellschaft

Der BGH setzte für die Quasi-Eigenkapitalbehandlung von formellem Fremdkapital aus Gesellschafterhand lange Zeit voraus, daß es sich bei der Anspruchsgrundlage für die Erbringung der Finanzierungsleistung um den Gesellschaftsvertrag einer Massengesellschaft[61] handelt. Der Grund für diese Einschränkung dürfte darin liegen, daß das Problem der gesellschaftsvertraglich vereinbarten Fremdkapitalfinanzierung durch die Gesellschafter zunächst nur bei den Publikumspersonengesellschaften auftauchte. In BGHZ 104, 33, 39 stellte der BGH jedoch klar, daß seine dazu ergangene Rechtsprechung nicht auf Besonderheiten gestützt ist, die untrennbar mit dem besonderen Charakter von Publikumsgesellschaften zusammenhängen. Seit diesem Zeitpunkt ist das Vorliegen einer Massengesellschaft zwar noch als Indiz, nicht aber als zwingende Voraussetzung für den Eigenkapitalcharakter des formellen Gesellschafterfremdkapitals zu betrachten.

bb) Gleiche gesellschaftsvertragliche Verpflichtung der Anleger-Gesellschafter

Wegen der von ihm mehrfach festgestellten Zulässigkeit der Gesellschaftsfinanzierung mit Fremdmitteln aus Gesellschafterhand, die, wie Fremdkapital von außenstehenden Dritten, den gesetzlichen Regeln unterliegen[62], verlangt

---

[59] BGHZ 70, 61, 63; BGH LM Nr. 6 zu § 149 HGB; BGH NJW 1980, 1523; NJW 1981, 2251.

[60] BGH NJW 1981, 2251; BGHZ 104, 33, 40 f.; vgl. auch *Grunewald*, Gesellschaftsrecht, S. 134; *v. Falkenhausen*, Münchener Handbuch des Gesellschaftsrechts, Band 2, KG § 14, Rn. 20 f.

[61] Die Bezeichnung Massengesellschaft ist gleichbedeutend mit der als Publikumsgesellschaft oder Kapitalanlagegesellschaft.

[62] BGHZ 70, 61, 63; 104, 33, 40; BGH LM Nr. 6 zu § 149 HGB.

der BGH für die Bindung solcher Mittel an das Gesellschaftsvermögen eine atypische Ausgestaltung der Rechtsgrundlage für die Finanzierungsleistung. Die Verpflichtung zur Erbringung von Kapitalleistungen muß Ausdruck der engen Verbindung von Beteiligung und Finanzierungsleistung sein. Sie muß dem Gesellschafter aufgrund seiner Gesellschafterstellung auferlegt und notwendiger Bestandteil der Beitrittsverpflichtung für alle Gesellschafter sein[63]. Die besonderen Voraussetzungen sind nach Ansicht des BGH erfüllt, wenn sich jeder Anleger-Gesellschafter gesellschaftsvertraglich zur Bereitstellung von formellem Fremdkapital verpflichtet[64].

cc) Notwendigkeit zur Erreichung des Gesellschaftszwecks

Die Erforderlichkeit der Gesellschafterfremdmittel zur Erreichung des Gesellschaftszwecks ist eine der zentralen Voraussetzungen für die Feststellung des Eigenkapitalcharakters. Ob die Gesellschafterdarlehen oder stille Beteiligungen zur Erreichung des Gesellschaftszwecks unentbehrlich sind, ist durch Auslegung der getroffenen Vereinbarungen unter Berücksichtigung der bei Vertragsschluß vorliegenden Gesamtumstände zu ermitteln. Wichtiger Anhaltspunkt ist der zur Projektrealisierung erforderliche Kapitalbedarf. Von diesem kann auf die notwendige Eigenkapitalausstattung geschlossen werden. Dabei ist auch zu berücksichtigen, daß eine entsprechende Eigenkapitalgrundlage auch für die übliche Aufnahme von zusätzlich notwendigen Fremdmitteln erforderlich sein kann[65].

dd) Indizien für die Feststellung der Eigenkapitalfunktion

Das Bestreben, eine angemessene Risikoverteilung zwischen Gesellschafter-Gläubigern und außenstehenden Drittgläubigern herbeizuführen, hat den BGH neben den zentralen Voraussetzungen, der gesellschaftsvertraglichen Verpflichtung und der Erforderlichleit der Gesellschafter-Fremdmittel zur Erreichung des Gesellschaftszwecks, weitere Kriterien entwickeln lassen, die auch in atypischen Fällen den Eigenkapitalcharakter der Gesellschafterfremdmittel indizieren.

---

63 BGHZ 70, 61, 63, 65; BGH LM Nr. 6 zu § 149; BGH, NJW 1980, 1523; NJW 1981, 2252.

64 So ausdrücklich BGHZ 70, 61, 63; 93, 159, 161; BGH LM Nr. 9 zu § 149 HGB; BGH NJW 1980, 1523; NJW 1981, 2251.

65 So ausdrücklich BGH NJW 1980, 1523.

(1) Handelsregistereintrag

Vom Eigenkapitalcharakter eines Darlehens oder einer stillen Beteiligung ist auszugehen, wenn sich die im Handelsregister eingetragene Haftsumme einer Kommanditgesellschaft aus dem Betrag der einzelnen Kommanditeinlagen und der Summe der Gesellschafterdarlehen, bzw. stillen Beteiligungen zusammensetzt. In diesem Fall hat die Bezeichnung der Gesellschafterleistungen als formelles Fremdkapital jedoch nur Bedeutung im Innenverhältnis, da für die Haftung der Gesellschafter nach außen ausschließlich die im Handelsregister eingetragene Haftsumme maßgeblich ist und es sich deshalb bei den Gesellschafterleistungen insgesamt um formelles Eigenkapital handelt. Eine richterrechtliche Umqualifizierung dieser Mittel in haftendes Eigenkapital ist daher nicht notwendig.

(2) Bestimmungen des Gesellschaftsvertrages

Schon in seinen frühen Urteilen hat der BGH entschieden, daß dem Gesellschaftsvertrag als Auslegungsgrundlage entscheidende Bedeutung für die Qualifikation der formellen Gesellschafter-Fremdmittel zukommt. Die Formulierungen des Gesellschaftsvertrages können Aufschluß darüber geben, wie die Gesellschafter die unterschiedlichen Beiträge einordnen. Wird die Summe von Gesellschaftereinlagen und Gesellschafter-Fremdmitteln im Vertrag als „Gesamtkapital", „Gesellschaftskapital" oder ausdrücklich als „Eigenkapital" bezeichnet, so weist der Gesellschaftsvertrag nach Auffassung des BGH auch den Fremdmitteln Eigenkapitalfunktion zu[66].

(3) Prospekte und Schreiben der Gesellschaft

Die qualifizierende Funktion der Fremdmittelbezeichnung ist nicht auf den Gesellschaftsvertrag als Rechtsgeschäft beschränkt. Auch die Formulierungen in formlosen Schreiben oder dem Prospekt, mit dem Anleger für die Gesellschaft geworben werden, können den Eigenkapitalcharakter der formellen Fremdmittel indizieren[67].

---

[66] Vgl. BGH NJW 1980, 1523; NJW 1981, S. 2252; NJW 1985, 1080.

[67] Vgl. BGH NJW 1980, S. 1523; die Bezeichnung der Darlehen in Zeichnungsprospekten und sonstigen Schriften der Kommanditgesellschaft kann jedoch auch u.U. als Kundgabe einer nicht ins Handelsregister eingetragenen Haftsummenerhöhung nach § 172 Abs. 2 HGB ausgelegt werden, vgl. *v. Falkenhausen* in Münchener Handbuch des Gesellschaftsrechts Band 2, KG § 14 Rn. 30.

(4) Einfluß- und Kontrollmöglichkeiten der Fremdmittelgeber

Die vom BGH umqualifizierten Fremdmittel bei Publikumspersonengesellschaften stammen fast ausnahmslos von den Anleger-Kommanditisten, also aus Gesellschafterhand. Aus BGH NJW 1985, 1080 läßt sich jedoch der Schluß ziehen, daß die Gesellschaftereigenschaft des Kapitalgebers keine zwingende Voraussetzung für die Gleichstellung des Fremdkapitals mit haftendem Eigenkapital ist. Sind die Darlehensgeber oder stillen Gesellschafter nicht zugleich Anleger-Gesellschafter der Publikumspersonengesellschaft, so können die von ihnen gewährten formellen Fremdmittel dennoch wie haftendes Eigenkapital an das Gesellschaftsvermögen gebunden sein, wenn den Fremdkapitalgebern Einfluß- und Kontrollmöglichkeiten auf die Geschäftsführung der Gesellschaft eingeräumt werden, die denen der Gesellschafter weitestgehend entsprechen[68]. Die Eigenkapitalfunktion formellen Fremdkapitals wird demnach indiziert durch umfangreiche Einfluß- und Kontrollmöglichkeiten des Fremdkapitalgebers.

(5) Sonstige Indizien für die Eigenkapitalfunktion

In seinem bislang letzten Urteil zur Umqualifizierung von formellem Fremdkapital in haftendes Eigenkapital hat der BGH seine bisherige Rechtsprechung bekräftigt und weitere Indizienfür das Vorliegen der materiellen Eigenkapitalfunktion entwickelt. Besondere Beachtung verdienen danach die Konditionen für die Gewährung der Fremdmittel. Für Eigenkapitalcharakter sprechen besonders günstige Zinsen, die Pflicht zur langfristigen Überlassung der Mittel oder das Fehlen einseitiger Kündigungsmöglichkeiten durch die Gesellschafter-Gläubiger[69].

b) Die Rechtsfolgen

Die einzelnen Rechtsfolgen hat der BGH entsprechend den zur Entscheidung gelangten Problemstellungen entwickelt. Sind die dargestellen Tatbestandsvoraussetzungen erfüllt, so haben die Gesellschafterleistungen nach der Rechtsprechung den Charakter von Eigenkapital. Die gesetzlichen Gläubigerrechte können dann von den Gesellschaftern bezüglich ihrer formellen Fremdkapitalleistungen nicht, oder aber nur eingeschränkt geltend gemacht werden.

---

[68] So BGH NJW 1985, 1080.

[69] Vgl. BGHZ 104, 33, 41.

aa) Die Kapitalleistung muß auch in Liquidation oder Konkurs noch erbracht werden

Gesellschafterdarlehen oder stille Gesellschafterbeteiligungen mit Eigenkapitalcharakter müssen, soweit sie benötigt werden, auch noch in Liquidation oder Konkurs der Gesellschaft erbracht werden. Unerheblich ist dabei, ob die Notwendigkeit zur Befriedigung der Gläubiger oder allgemein zur Abwicklung der Gesellschaft besteht. Im Konkurs der Gesellschaft hat der Konkursverwalter die benötigten, noch ausstehenden Kapitalleistungen wie nicht vollständig eingezahltes Eigenkapital einzufordern[70].

bb) Wiederaufleben der Kommanditistenhaftung bei Rückzahlung

Mit dem Fall, daß dem Kommanditisten die Kapitalleistung zurückgewährt worden ist und strittig war, ob er diese an die Gesellschaft zurückzuerstatten hat, mußte sich die Rechtsprechung noch nicht auseinandersetzen. Der BGH hat jedoch in einer anderen Entscheidung als obiter dictum festgestellt, daß die Haftung des Kommanditisten nach § 172 Abs. 4 HGB auch dann wieder auflebt, wenn dem Kommanditisten formell als Fremdkapital bezeichnete Mittel zurückgezahlt worden sind, die materiell den Charakter von Eigenkapital haben[71].

cc) Keine Anmeldung zur Konkurstabelle

Als Folge ihrers Eigenkapitalcharakters können weder die Gesellschafterdarlehen noch stille Einlagen von Gesellschaftern als Forderungen zur Konkurstabelle gem. §§ 138 ff. KO angemeldet werden. Der Gläubiger-Gesellschafter muß sich mit seiner gesamten Beteiligung als Mitunternehmer behandeln lassen und diese den Drittgläubigern zur Befriedigung überlassen[72].

---

[70] So ausdrücklich BGH NJW 1981, 2252; vgl. auch BGHZ 93, 159, 161.

[71] BGH NJW 1982, 2254. Aus dieser Entscheidung läßt sich jedoch nicht zweifelsfrei erkennen, ob der BGH diesen Schluß nur für formelle Fremdkapitalleistungen von Kommanditisten zieht, die als Teil der Kommanditsumme in das Handelsregister eingetragen sind, oder ob dies für alle Fremdkapitalleistungen mit Eigenkapitalcharakter gelten soll.

[72] BGH NJW 1981, 2251; BGHZ 104, 33.

dd) Zahlungen auf das Darlehen oder die stille Beteiligung wirken haftungsbefreiend

Zugunsten des Gesellschafters erkennt der BGH Zahlungen auf das Darlehen oder die stille Beteiligung als Zahlungen auf die Haftsumme i.S.v. § 171 I HGB an,.wenn diese Fremdmittel materiell als haftendes Eigenkapital zu qualifizieren sind. Das beruht auf der Annahme, daß die Haftsumme als Kredit- und Haftungsgrundlage der Gesellschaft aus dem Gesamtbeitrag des Gesellschafters besteht. Die formelle Aufteilung in „echte" Einlage und Darlehen, bzw. stille Beteiligung habe nur im Innenverhältnis Bedeutung[73].

ee) Eigenkapitalhaftung von außenstehenden Drittgläubigern

Der Eigenkapitalcharakter von Darlehen oder stillen Beteiligungen ist nicht zwingend an die Gesellschaftereigenschaft des Gläubigers gekoppelt. Auch Gläubiger oder stille Teilhaber, die nicht gleichzeitig Kommanditisten der Schuldnergesellschaft sind, können mit ihrer formellen Fremdkapitalleistung der Eigenkapitalhaftung unterliegen, sofern ihnen nur eine an Einfluß- und Kontrollmöglichkeiten den Gesellschaftern ähnliche Stellung eingeräumt wird. Dementsprechend sind auch diese Leistungen in der Liquidation oder im Konkurs der Gesellschaft noch zu erbringen, soweit sie benötigt werden[74]. Auf den Eigenkapitalcharakter der formellen Fremdmittel wird in diesen Fällen aus der Quasi-Gesellschaftstellung der Gläubiger, bzw. stillen Teilhaber geschlossen.

ff) Sonstige Rechtsfolgen

Gesellschafterdarlehen mit Eigenkapitalcharakter können weder vorzeitig oder unabhängig vom Gesellschaftsverhältnis gekündigt werden, noch kann die Kapitalleistung im Falle der Vermögensverschlechterung gem. § 610 BGB verweigert werden. Kündigungen sind nur möglich, soweit nicht gesellschaftsvertragliche Bindungen entgegenstehen[75]. Stehen Kapitalleistungen der Gesellschafter, die Eigenkapitalfunktion haben, noch aus, so können Forderungen der Gesellschafter gegen die Gesellschaft im Konkurs nicht gegen den Anspruch auf Erbringung der vereinbarten Kapitalleistung aufgerechnet werden[76]. Auf Kapitalleistungen der Gesellschafter sind ferner nicht die Leistungsstörungsvorschriften nach §§ 320 ff. BGB anwendbar. So begründet z.B. § 326 BGB

[73] BGH NJW 1982, 2253.
[74] BGH NJW 1985, 1080.
[75] BGH LM Nr. 6 zu § 149 HGB; BGHZ 93, 159, 161.
[76] BGHZ 93, 159, 164.

keinen Rückforderungsanspruch bezüglich der Finanzierungsleistung des Gesellschafters, wenn die Schuldnergesellschaft vereinbarte Sicherheiten nicht bestellt[77].

4. Die Systematik der Rechtsprechung zu den Publikumspersonengesellschaften

a) Finanzierungsleistungen als gesellschaftsrechtliche Beitragspflicht

Mehrfach stellt der BGH fest, daß auch die Anleger-Gesellschafter einer Publikumspersonengesellschaft unabhängig von ihrer Beteiligung an die Gesellschaft Fremdkapitalleistungen erbringen können, die grundsätzlich nicht in materielles Eigenkapital umqualifiziert werden können und als Darlehen den Regeln der §§ 607 ff. BGB, bzw. als stille Beteiligungen den Vorschriften nach §§ 230 ff. HGB unterliegen[78]. Haben die formellen Fremdkapitalleistungen der Gesellschafter jedoch den Charakter, bzw. die Funktion von Eigenkapital, so werden diese wie haftendes Eigenkapital an das Gesellschaftsvermögen gebunden. Voraussetzung für die Feststellung des Eigenkapitalcharakters oder der Eigenkapitalfunktion ist nach der Rechtsprechung des BGH, daß die Pflicht der Gesellschafter zur Bereitstellung von formellem Fremdkapital nicht auf der üblichen schuld-, bzw. handelsrechtlichen Grundlage beruht, sondern auf einer gesellschaftlichen Verpflichtung. Diese Abgrenzung führt der BGH in der gesamten Rechtsprechung zu den Publikumspersonengesellschaften mit gesplitteter Einlage durch, wobei die Terminologie jedoch nicht einheitlich ist. Statt von einer gesellschaftlichen Verpflichtung spricht die Rechtsprechung auch von einer gesellschaftsvertraglichen Verpflichtung oder der Pflichteinlage, in der Entscheidung vom 3.7.1978 auch von einem gesellschaftsrechtlichen Beitrag[79].

Die unterschiedliche Terminologie in den Urteilen des BGH hat jedoch sachlich keine differenzierende Bedeutung. In allen Entscheidungen baut die Argumentation der Rechtsprechung für die Umqualifizierung von formellem Fremdkapital in haftendes Eigenkapital letztlich auf dem Beitragscharakter der Kapitalleistungen auf, die die Kommanditisten neben ihrer Kommanditbeteili-

---

[77] So schon in BGHZ 70, 61, 65.

[78] BGHZ 70, 61, 63; BGH LM Nr. 6 zu § 149 HGB; BGHZ 104, 33, 40 im Anschluß an *K. Schmidt*, FS Goerdeler, S. 496 f; *ders.*, Gesellschaftsrecht, S. 429; aus BGH NJW 1981, S. 2252 kann geschlossen werden, daß auch der Kommanditist grundsätzlich neben der Kommanditbeteiligung eine davon unabhängige stille Beteiligung übernehmen kann. Für den Fall des ebenfalls keine Haftung auslösenden zufälligen Zusammenfallens von stiller Beteiligung und Kommanditbeteiligung vgl. BGH WM 1979, 71.

[79] BGH LM Nr. 6 zu § 149 HGB.

gung zu erbringen haben[80]. Gem. §§ 705, 706 BGB, die über §§ 161 Abs. 2, 105 Abs. 2 HGB auch für die Kommanditgesellschaften gelten, verpflichten sich die Gesellschafter, die Erreichung eines gemeinsamen Zwecks in der durch den Gesellschaftsvertrag vereinbarten Weise zu fördern, insbesondere die vereinbarten Beiträge zu leisten. Beiträge werden üblicherweise als gesellschaftsvertraglich geschuldete Zweckförderungsleistungen bezeichnet[81]. Als Beitrag kann auch die Gewähr eines Darlehens oder die Übernahme einer stillen Beteiligung versprochen werden, die als echtes Fremdkapital den Fremdmitteln außenstehender Drittgläubiger in jeder Hinsicht gleichstehen. Rechtsgrundlage für den Anspruch der Gesellschaft gegen die Gesellschafter auf die vereinbarte Leistung ist in diesem Fall die Verpflichtung zur Erbringung der Beiträge nach §§ 705 f. BGB, 105 Abs. 2, 161 Abs. 2 HGB[82]. Im Gegensatz zu solchen als Beitrag geschuldeten Fremdkapitalleistungen, bei denen eine Gleichstellung mit haftendem Eigenkapital möglich ist, wenn sie Eigenkapitalcharakter haben, scheidet eine Umqualifizierung in materielles Eigenkapital aus, wenn die Verpflichtung auf einer schuldrechtlichen Darlehensvereinbarung nach § 607 BGB beruht oder ein von der Kommanditbeteiligung unabhängiger Vertrag zur Übernahme einer stillen Beteiligung geschlossen wurde. Die Beitragseigenschaft ist deshalb negatives Tatbestandsmerkmal für die Geltendmachung der schuld-, bzw. handelsrechtlich vorgesehenen Kündigungs-, Rückforderungs- oder Leistungsverweigerungsrechte durch die Kapitalgeber, die zugleich Gesellschafter sind.

Im Ergebnis zustimmend sind die begrifflichen Abgrenzungen der Rechtsprechung kritisiert worden von *K. Schmidt*[83]. Der BGH verkenne die unterschiedliche Bedeutung von Beitrag und Einlage, wenn er die Begriffe Gesellschafterbeitrag und zusammengesetzte Pflichteinlage als Kriterien für die gesellschaftsvertragliche Gleichstellung von Fremdmitteln mit haftendem Kapital vermenge. Beiträge sind nach *Schmidt* alle als Primärpflicht vom Mitglied geschuldeten Zweckförderungsleistungen, Einlagen dagegen nur der Teil des Gesamtbeitrages, der die Haftungsmasse der Gesellschaft mehrt[84]. Das Problem der Qualifizierung von Beiträgen als Einlagen sei aber ein völlig anderes als das, ob auch Beiträge ohne Einlagenqualität unter Umständen dem haften-

---

80 Ebenso *Joost*, ZGR 1987, S. 373; *Schön*, ZGR 1990, S. 241; in diesem Sinne wohl auch *K. Schmidt*, Anm. BGH NJW 1982, S. 2254.

81 *H. P. Westermann*, Handbuch der Personengesellschaften I, Rn. 380; *K. Schmidt*, Gesellschaftsrecht, S. 462; Münchener Kommentar-*P. Ulmer*, BGB, § 706, Rn. 2; ähnlich auch *Kübler*, Gesellschaftsrecht, S. 43.

82 So ausdrücklich BGHZ 93, 159, 162; offengelassen noch in BGH LM Nr. 6 zu § 149 HGB; für die stille Gesellschaft ebenso *Schön*, ZGR 1990, S. 241; vgl. auch *Ebenroth/Autenrieth*, JA 1980, S. 11.

83 *K. Schmidt*, Gesellschaftsrecht, S. 429; Schlegelberger/*K. Schmidt*, HGB, §§ 171,172, Rn. 49, 96; *ders.* Anmerkung zu BGH NJW 1982, S. 2253.

84 *K. Schmidt*, Gesellschaftsrecht, S. 462; Zur Kritik an der Terminologie von Rechtsprechung und Gesetzgeber vgl. auch *K. Schmidt*, Haftung und Einlage, S. 2 f.

den Eigenkapital zugerechnet werden können[85]. Entscheidend sei, daß der Gesellschaftsvertrag die funktionelle Gleichbehandlung von Krediten mit echten Einlagen vorsehe und die formal als Darlehen, Agio oder stille Einlage bezeichneten Gesellschafterleistungen in Wahrheit Kommanditisteneinlagen unterschiedlicher Qualität seien. Für stille Beteiligungen sei dies der Fall, wenn der stille Gesellschafter nach dem Vertrag dasselbe Verlust- und Insolvenzrisiko trage wie ein Kommanditist[86]. Die Frage, ob die formellen Gesellschafterfremdmittel haftungsrechtlich dem Eigenkapital gleichgestellt werden können, sei demnach ein Problem der Finanzverfassung der Gesellschaft. *Schmidt* sieht die Rechtsprechung des BGH insofern in Übereinstimmung mit seiner Auffassung, als diese der Aufsplittung der Gesellschafterleistung in Beitrag und Einlage nur im Innenverhältnis der Gesellschafter untereinander Bedeutung zumißt[87].

Der Kritik an der ungenauen Abgrenzung der Begriffe Haftsumme, Einlage und Beitrag durch die Rechtsprechung ist zuzustimmen. Es ist jedoch zu berücksichtigen, daß die verwendete Bezeichnung der Kapitalleistung in keinem Fall ausschlaggebend war für deren Gleichstellung mit haftendem Eigenkapital, sondern daß sie nur der Abgrenzung zu gewöhnlichen Fremdkapitaleistungen der Gesellschafter diente, die unabhängig von der Gesellschafterstellung erbracht werden[88]. Entscheidend ist vielmehr stets der Eigenkapitalcharakter, bzw. die Eigenkapitalfunktion der Mittel.

Eine Ausnahme vom Erfordernis der gesellschaftsvertraglichen Beitragspflicht stellt die Entscheidung des BGH vom 17.12.1984[89] dar. Die dort ohne eine daneben bestehende Kommanditbeteiligung übernommene stille Beteiligung wurde dennoch wie haftendes Eigenkapital behandelt, weil sie keine typische stille Beteiligung war, sondern der stille Gesellschafter eine Rechtstellung innehatte, die der eines Kommanditisten enstprach. Es ging deshalb in dieser Entscheidung nicht um die Frage, ob die Übernahme der stillen Beteiligung Beitragspflicht war, sondern darum, ob die stille Beteiligung wie eine Kommanditeinlage als haftendes Eigenkapital zu behandeln sei.

Bezugnehmend auf die Rechtsprechung des BGH zu den Publikumspersonengesellschaften mit gesplitteter Einlage hat sich in neuerer Zeit der Begriff des Finanzplankredits für solche Gesellschafterdarlehen durchgesetzt, die gesellschaftsvertraglich vereinbart sind und auf denen die Finanzplanung der

---

85 *K. Schmidt*, Gesellschaftsrecht, S. 466.

86 Schlegelberger/*K.Schmidt*, HGB, § 335 (a.F.), Rn 157.

87 Vgl. *K. Schmidt*, Anm. zu BGH NJW 1982, S.2253, 2255.

88 Auch *K. Schmidt*, Gesellschaftsrecht, S. 462 konstatiert, daß den Begriffen jeder argumentative Eigenwert fehle, daß jedoch eine klare Terminologie beim Argumentieren hilfreich sei. Im übrigen habe die Vereinbarung von Krediten als Beitragspflicht nur noch Indizwirkung und sei für die Anwendung der Kapitalersatzregeln weder ausreichend noch erforderlich, vgl. Scholz/*K. Schmidt*, GmbHG, §§ 32a, 32b, Rn. 38; zustimmend Jaeger/*Henckel*, KO, § 32a; Rn. 44.

89 BGH NJW 1985, 1079.

Gesellschaft beruht. Sie werden heute nicht mehr als eine Besonderheit der Publikumspersonengesellschaft betrachtet und können auch bei Kapitalgesellschaften vorliegen[90].

b) Haftungserweiterung über die Kommanditeinlage hinaus

Formelles Fremdkapital, das die Kommanditisten über die eigentliche Kommanditeinlage hinaus der Gesellschaft zur Verfügung stellen, wird nach der Rechtsprechung zu den gesplitteten Einlagen bei Publikumspersonengesellschaften wie haftendes Eigenkapital an das Gesellschaftsvermögen gebunden. Grundsätzlich gehört es jedoch zum Wesen der Kommanditistenhaftung, daß diese summenmäßig auf die Höhe des jeweiligen Kommanditanteils beschränkt ist. Mit seiner Rechtsprechung weicht der BGH diesen Grundsatz auf.

aa) Grundzüge der gesetzlichen Kommanditistenhaftung

Zu den Wesensmerkmalen der Kommanditgesellschaften einschließlich der GmbH & Co. KG gehört nach § 161 Abs. 1 HGB die summenmäßig beschränkte Haftung zumindest eines Gesellschafters. Dies ändert aber nichts an der Tatsache, daß auch die Kommanditisten als Gesellschafter einer Personengesellschaft im Gegensatz zu denen einer Kapitalgesellschaft persönlich haften[91]. Wirksam wird die Haftungsbeschränkung mit der Eintragung einer bestimmten Haftsumme in das Handelsregister. In Höhe dieser Haftsumme haftet der Kommanditist den Gläubigern der Gesellschaft persönlich. Hat er seine Einlage durch Zahlung an das Gesellschaftsvermögen geleistet oder eine Verbindlichkeit der Gesellschaft getilgt[92], so wird er nach § 171 Abs. 1 HGB auch von dieser Haftung frei. Sie lebt jedoch nach § 172 Abs. 4 HGB wieder auf, sobald sich der Kommanditist seine Einlage oder Teile davon zurückzahlen läßt. Rückzahlung i.S.v. § 172 Abs. 4 HGB ist jede Zuwendung eines Vermögenswertes an den Kommanditisten seitens der Gesellschaft oder seitens eines Dritten zu Lasten der Gesellschaft, ohne daß der Gesellschaft ein wertmäßig

---

90 Rechtsprechung und Literatur nehmen in Zusammenhang mit den Finanzplankrediten stets Bezug auf BGHZ 104, 33. Vgl. dazu insbesondere unten S. 78

91 *Schilling* in Großkommentar HGB, § 161, Rn. 1; Schlegelberger/*K. Schmidt*, HGB §§ 171, 172, Rn. 1; *ders.*, Gesellschaftsrecht, S. 1297 f.

92 Umstritten ist, ob die Leistung an einen Gesellschaftsgläubiger eine Einlageleistung i.S.d. § 171 HGB darstellt. Es besteht aber weitgehend Einigkeit darüber, daß der Gesellschafter, der eine Verbindlichkeit der Gesellschaft tilgt, die Einlageschuld mit seinem Regreßanspruch aus §§ 110 Abs. 1, 161 Abs. 2 HGB aufrechnet; BGH NJW 1984, 2290 f; vgl. dazu auch Schlegelberger/*K.Schmidt*, HGB, §§ 171, 172, Rn. 50; *H. Westermann*, FS Barz, S. 87, Fn. 15; anders *Schilling* in Großkommentar HGB; § 171, Rn. 2.

gleicher Vermögenswert zufließt[93]. Gewinnentnahmen sind nach § 172 Abs. 4 Satz 2 haftungsschädlich, wenn das Kapitalkonto des Kommanditisten unter den Betrag der geleisteten Einlage herabgemindert ist oder soweit der Kapitalanteil durch die Entnahme unter den bezeichneten Betrag herabgemindert wird.

Vor Eintragung der Gesellschaft in das Handelsregister haftet der Kommanditist nach § 176 Abs. 1 HGB summenmäßig unbeschränkt wie ein persönlich haftender Gesellschafter für die Verbindlichkeiten aus der Aufnahme der Geschäftstätigkeit, wenn der Kommanditist dem Geschäftsbeginn zugestimmt hat. Nach seinem Ausscheiden aus der Kommanditgesellschaft haftet der Kommanditist für die Verbindlichkeiten, die vor seinem Austritt begründet wurden, im Rahmen der Verjährungsregeln nach § 159 HGB weiter, sofern sein Ausscheiden aus der Gesellschaft im Handelsregister eingetragen und bekannt gemacht worden ist[94]. In der Insolvenz fordert der Konkursverwalter noch ausstehende Einlagen der Kommanditisten ein, soweit sie zur Gläubigerbefriedigung benötigt werden. Er kann sie aber auch darüber hinaus einfordern[95]. Gem. § 171 Abs. 2 HGB kann die persönliche Haftung des Kommanditisten, der seine Einlage noch nicht erbracht hat, nach Eröffnung des Konkursverfahrens nur noch durch den Konkursverwalter geltend gemacht werden.

Es besteht weitgehend Einigkeit darüber, daß sowohl die persönliche Haftung des Kommanditisten vor Leistung seiner Einlage, wie auch die nach Rückzahlung der Einlage summenmäßig beschränkt ist auf die im Handelsregister eingetragene und veröffentlichte Haftsumme[96].

bb) Haftungserweiterung in der Publikums-KG

Nach der Rechtsprechung zu den gesplitteten Einlagen bei Publikumspersonengesellschaften tragen die Anlage-Kommanditisten ein wirtschaftliches Risiko, das über den Betrag der in das Handelsregister eingetragenen Hafteinlage hinausgehen kann. Haben die aus Kommanditanteil und Darlehen, bzw. stiller Beteiligung zusammengesetzten Pflichteinlagen der Kommanditisten den Charakter von Eigenkapital der Gesellschaft, so werden diese nach Ansicht des

---

[93] BGHZ 39, 319, 331; 47, 149, 156; *H. Westermann*, Handbuch der Personengesellschaften I, Rn. 926; *Schilling* in Großkommentar HGB, § 172, Rn. 9; differenzierter Schlegelberger/*K. Schmidt*, HGB, §§ 171, 172, Rn. 66 ff.

[94] Schlegelberger/*K. Schmidt*, HGB, §§ 171, 172, Rn. 18; *Schilling* in Großkommentar HGB, § 171, Rn. 16; Baumbach/*Hopt*, HGB, § 171, Rn. 2.

[95] *Kilger*, KO, § 209, Anm. 5a; Schlegelberger/*K. Schmidt*, HGB, §§ 171, 172, Rn. 97; BGH NJW 1980, 1522; NJW 1981, 2251; für die Fälle der gesplitteten Einlagen BGHZ 93, 159.

[96] H.M., BGHZ 60, 324; 84, 383, 387; Schlegelberger/*K. Schmidt*, HGB, §§ 171, 172, Rn. 65; *Felix*, NJW 1973, S. 492; *H. Westermann*, Handbuch der Personengesellschaften I, Rn. 927; *Rümker*, ZGR 1988, S. 510; a.A. *Joost*, ZGR 1987, S. 382 ff.

BGH, auch soweit sie die ins Handelsregister eingetragene Haftsumme übersteigen insgesamt wie haftendes Eigenkapital behandelt[97]. Dies scheint zunächst im Widerspruch zu stehen mit der summenmäßig beschränkten Kommanditistenhaftung, zumal auch unklar ist, was als das haftende Eigenkapital einer Kommanditgesellschaft anzusehen ist. Ein dem kapitalgesellschaftlichen Stamm- oder Eigenkapital vergleichbares, in Aufbringung und Bestand geschütztes Vermögen gibt es bei den Personengesellschaften nicht. An seine Stelle tritt grundsätzlich die unbeschränkte persönliche Haftung des Komplementärs und die Hafteinlagen der Kommanditisten[98]. Das Vermögen von Kommanditgesellschaften wird im Interesse der Gläubiger ausschließlich nach §§ 171 ff. HGB geschützt. Stellt der BGH mit seiner Rechtsprechung zu den gesplitteten Einlagen bei Publikumspersonengesellschaften die Darlehen, bzw. stillen Beteiligungen den Kommanditeinlagen gleich und bezeichnet er beide als das Eigenkapital der Kommanditgesellschaft[99], so muß sich auch die Behandlung der formellen Fremdmittel an den Vorschriften der §§ 171 ff. HGB für Kommanditeinlagen orientieren.

Darlehen und stille Beteiligungen, die die Gesellschafter einer Publikumspersonengesellschaft neben ihrer Kommanditbeteiligung übernehmen, sind daher bezüglich der Außenhaftung der Kapitalgeber wie Kommanditeinlagen zu behandeln. Dabei ist es unerheblich, ob die formellen Fremdkapitalleistungen im Handelsregister als Teil der Haftsumme eingetragen sind[100] oder nicht. Der BGH hat sich zu dieser Konsequenz seiner Rechtsprechung zu den Publikumspersonengesellschaften mit gesplitteter Einlage bislang nicht bekannt. Sie ist aber die logische Folge der mehrfach von der Rechtsprechung geforderten Gleichstellung der formellen Fremdmittel mit dem haftenden Eigenkapital.

Auch *H. P. Westermann* schließt aus der Rechtsprechung zu den Publikumspersonengesellschaften mit gesplitteter Einlage, daß der BGH die Haftung des Kommanditisten einer Publikumspersonengesellschaft nicht auf die eigentliche Haftsumme beschränken will, sondern vielmehr sämtliche Leistungen des Kommanditisten, Darlehen und Einlage, als Grundstock der Haftungsmasse bewertet, die den Gläubigern der Gesellschaft im Konkursfall zur Verfügung zu stehen hat[101]. Der BGH trenne dabei ausdrücklich zwischen Haftsumme und Pflichteinlage. Anspruchsgrundlage für die Darlehenserbringung sei eben nicht

---

97 BGHZ 93, 159, 161; 104, 33, 40; BGH NJW 1980, 1523; NJW 1981, 2252; NJW 1982, 2254; NJW 1985, 1079.

98 In diesem Sinne auch *Wiedemann*, Gesellschaftsrecht I, S. 536; *ders.*, Haftungsbeschränkung, S. 9.

99 So BGH NJW 1980, 1523; NJW 1981, 2252; NJW 1982, 2254; NJW 1985, 1079 f; BGHZ 104, 31, 33, 41.

100 So in BGH NJW 1982, 2253. Die Eintragung ins Handelsregister als Teil der Haftsumme wertete der BGH in diesem Fall nicht als Voraussetzung für den Eigenkapitalcharakter der Darlehensbeträge, sondern als zusätzliches Indiz.

101 Für eine Haftung aller Finanzmittel, die ein Gesellschafter, auch einer beschränkt haftenden Gesellschaft zur Verfügung stellt, *Immenga*, Die personalistische Kapitalgesellschaft, S. 421 ff.

§ 171 Abs. 2 HGB, der nur für die Haftsumme gelte, sondern allein die Beitragspflicht gem. §§ 705 BGB, 105 Abs. 2, 161 Abs. 2 HGB[102]. Die unterschiedlichen Anspruchsgrundlagen beruhen jedoch nicht auf einer differenzierten Behandlung von Kommanditeinlage und Fremdkapitalleistung, sondern auf der Art des jeweiligen Anspruchs. Auf §§ 705 BGB, 161 HGB ist der Anspruch der Gesellschaft gegen die Gesellschafter auf Erbringung der versprochenen Beiträge zu stützen. Dazu gehört auch der Anspruch auf Zahlung der Kommanditeinlagen, der im Konkursverfahren zur Masse gehört und vom Konkursverwalter geltend gemacht werden kann[103]. § 171 Abs. 2 HGB hingegen bestimmt, daß im Konkursverfahren die persönliche Haftung der Kommanditisten gegenüber Drittgläubigern ausschließlich vom Konkursverwalter geltend gemacht werden kann. Diese Frage kann sich aber auch dann stellen, wenn als Konsequenz der Argumentation des BGH die formellen Fremdkapitalleistungen den Kommanditeinlagen gleichgestellt werden. Haftet der Kommanditist vor Einzahlung der Darlehen oder stillen Einlagen dann ebenfalls persönlich nach §§ 171 Abs. 1 HGB, so droht im Konkursfall auch bezüglich der noch ausstehenden Fremdkapitalleistungen der „Wettlauf der Gläubiger“, den § 171 Abs. 2 HGB verhindern will[104].

Mit der Einbeziehung formeller Fremdmittel in das Haftungsrisiko der Kommanditisten reagiert die Rechtsprechung auf die Entscheidung der Kommanditisten, die Gesellschaft über die Kommanditeinlagen hinaus mit Finanzmitteln auszustatten, die den Charakter oder die Funktion von Eigenkapital haben. Solche Mittel müssen dann dem Haftkapital gleichgestellt und wie Kommanditeinlagen behandelt werden. Die sich daraus ergebende Erweiterung der Kommanditistenhaftung über die eingetragene Haftsumme hinaus ist dem Recht der Kommanditgesellschaften nicht völlig fremd. Nach § 172 Abs. 2 HGB auf eine nicht im Handelsregister eingetragene Erhöhung der Haftsumme berufen, wenn die Erhöhung in handelsüblicher Weise kundgemacht worden ist oder den Gläubigern auf andere Weise von der Gesellschaft mitgeteilt worden ist. Darüberhinaus finden auch auf die Kommanditistenhaftung die allgemeinen Rechtsscheingrundsätze Anwendung[105]. Es wird zu untersuchen sein, inwieweit dieser Gedanke auch auf die gesplittete Einlage bei Publikumspersonengesellschaften Anwendung finden kann[106].

---

[102] Ebenso *Joost*, ZGR 1987, S. 396; BGHZ 93, 159, 161 f.

[103] Schlegelberger/*K. Schmidt*, HGB, §§ 171, 172, Rn. 98; OLG Karlsruhe, OLGE 11, 407.

[104] Baumbach/*Hopt*, HGB, § 171, Rn. 11.

[105] Schlegelberger/*K. Schmidt*, HGB, §§ 171, 172, Rn. 38; vgl. auch Baumbach/*Hopt*, HGB, § 171, Rn. 4.

[106] Vgl. dazu unten S. 50 ff.

c) Gesellschaftsvertragliche Eigenkapitalqualifizierung

Tatbestandsvoraussetzung für die eigenkapitalgleiche Behandlung der Gesellschafterfremdmittel ist deren Eigenkapitalcharakter, bzw. deren Eigenkapitalfunktion. Ob diese erfüllt ist, ist nach Ansicht der Rechtsprechung anhand der Formulierungen des Gesellschaftsvertrages zu prüfen. Maßgeblich sind hierfür die gesellschaftsvertragliche Ausgestaltung der Finanzierungsleistung und der sich aus dem Vertrag ergebende Gesellschaftszweck, der auf den Umfang der erforderlichen Eigenkapitalausstattung schließen läßt. In der Literatur wird daher im Rahmen der Umqualifizierung von formellen Fremdmitteln in materielles Eigenkapital bei den Publikumspersonengesellschaften mit gesplitteter Einlage auch von einer gesellschaftsvertraglichen Gleichstellung von Fremdmitteln mit haftendem Eigenkapital gesprochen[107]. Eine rechtsgeschäftliche Gleichstellung würde jedoch den übereinstimmenden Willen der Gesellschafter voraussetzen, ihre Darlehen oder stillen Beteiligungen wie Eigenkapital behandeln zu lassen[108]. Die diesbezüglichen Bestimmungen der Gesellschaftsverträge lassen aber dem Wortlaut nach nicht immer eine solche Absicht erkennen. Als Rechtfertigung für das Vorgehen der Rechtsprechung kommen daher verschiedene Möglichkeiten in Betracht.

aa) Wortlaut des Gesellschaftsvertrages

Nur in wenigen Entscheidungen ergibt sich direkt aus dem Wortlaut des Gesellschaftsvertrages, daß die Gesellschafter ihre formellen Fremdkapitalleistungen als Teil der Eigenkapitalausstattung bewerten. Eine solche Absicht der Gesellschafter ist aus Formulierungen zu schließen, nach denen die formellen Fremdmittel als „Gesellschaftskapital", „Gesamtkapital" oder „Eigenkapital" bezeichnet werden. Dies geschah bislang jedoch nur in Gesellschaftsverträgen, in denen neben der Kommanditeinlage die zusätzliche Übernahme einer stillen Beteiligung vereinbart wurde[109]. In den übrigen Fällen ergibt sich aus dem Wortlaut zunächst nur, daß die von den Kommanditisten zu erbringende Finanzierung der Gesellschaft aus Eigen- und Fremdmitteln zusammengesetzt sein soll. Wegen der grundsätzlich haftungsfreien Zulässigkeit der Fremdfinanzierung auch aus Gesellschafterhand[110], kann die Feststellung des Eigenkapitalcharakters bzw. der Eigenkapitalfunktion des formellen Fremdkapitals nicht auf den Wortlaut des Gesellschaftsvertrages gestützt werden.

---

[107] *K. Schmidt*, Gesellschaftsrecht, S. 429.

[108] So zutreffend auch *Mundry*, Darlehen und stille Einlagen, S. 120.

[109] BGH NJW 1980, 1522; NJW 1981, 2251.

[110] BGHZ 70, 61, 63; 104, 33, 40; BGH LM Nr. 6 zu § 149 HGB; für die Zulässigkeit wohl auch BGH NJW 1981, 2252.

Eine ausschließlich am Wortlaut des Gesellschaftsvertrages orientierte Eigenkapitalqualifizierung würde darüberhinaus das Risiko schaffen, daß die gläubigerschützenden Absichten der Rechtsprechung durch unmißverständliche Vertragsgestaltung ausgehöhlt würden[111].

bb) Auslegung des Gesellschaftsvertrages

Da der Wortlaut des Gesellschaftsvertrages häufig mehrdeutig formuliert und daher als Grundlage für die Bestimmung des Eigenkapitalcharakters formellen Fremdkapitals weniger geeignet ist, gehen Teile der Literatur davon aus, daß die Eigenkapitalqualifikation der Fremdmittel durch den BGH auf der Auslegung der Gesellschaftsverträge beruhe[112]. Die Auslegung dient jedoch der Ermittlung des von den Beteiligten gewollten Inhaltes des Rechtsgeschäftes, wobei der übereinstimmende Wille der Parteien maßgeblich ist, auch wenn er in ihren Willenserklärungen keinen oder nur einen unvollkommenen Niederschlag gefunden hat[113]. Der Auslegung bedarf es erst dann, wenn die rechtlich maßgebliche Bedeutung einer Willenserklärung streitig ist[114]. Die gesellschaftsvertragliche Fremdkapitalbestimmung ist jedoch weder unter den Gesellschaftern streitig, noch ist sie mehrdeutig. Schon um die mit der Beteiligung an einer Publikumspersonengesellschaft verfolgten steuerlichen Vorteile für die Kommanditisten zu erzielen, sind die Gesellschaften auf einen möglichst hohen Anteil von Fremdkapital an der Gesamtfinanzierung angewiesen[115]. Für eine gewollte Fremdmittelfinanzierung sprechen darüberhinaus die haftungsrechtlichen Vorteile, die Fremdkapital gegenüber dem Eigenkapital genießt[116]. So ist das haftende Eigenkapital der Gesellschaft im Konkurs in der Regel verloren, während das Fremdkapital zumindest in Höhe der Konkursquote die Aussicht auf Rückzahlung hat[117]. Ein übereinstimmender Wille der Gesellschafter zur Eigenkapitalqualifizierung ihrer formellen Fremdkapitalleistungen ist deshalb schon wegen der mit der Beteiligung verfolgten Ziele durch eine Auslegung des Gesellschaftsvertrages nicht festzustellen.

---

[111] Ebenso *Joost*, ZGR 1987, S. 397.

[112] *Sieker*, Eigenkapital und Fremdkapital, S. 48; *Joost*, ZGR 1987, S. 373; *Schön*, ZGR 1990, S. 241; so wohl auch *Mundry*, Darlehen und stille Einlagen, S. 120 ff; *Häuser*, JA 1983, S. 88. So auch der BGH, vgl. BGHZ 70, 61, 63; 104, 33, 40 f.; BGH NJW 1981, 2251 f.; NJW 1982, 2254.

[113] BGHZ 20, 109, 110; 71, 243, 247; BGH NJW 1988, 200; NJW 1991, 1680; NJW 1993, 2749; *Wiedemann*, Gesellschaftsrecht, S. 165 f.; *Joost*, ZGR 1987, S. 396 f.; *Jauernig*, BGB, § 133, Anm. 3 a aa.

[114] *Larenz*, Methodenlehre, S. 299. Vgl. zur Auslegung von Gesellschaftsverträgen auch *Grunewald*, ZGR 1995, S. 70.

[115] Vgl. nur *Hüffer*, JuS 1979, S. 458; *Sack*, DB 1974, S. 1657. Auf die „kardinale Bedeutung" des Gesellschaftszwecks für die Auslegung des Gesellschaftsvertrages weist auch *Flume* hin, Allg. Teil des Bürgerl. Rechts I/1, S. 32.

[116] *Binz*, Die GmbH & Co. KG, § 7, Rn. 67 f.; *Joost*, ZGR 1987, S. 397.

Die Rechtsprechung setzt sich damit über den Willen der Vertragsparteien hinweg, wenn sie trotz eindeutigen Wortlautes und nach Auslegung des Gesellschaftsvertrages die formellen Fremdmittel wie Eigenkapital haften läßt. Diese Vorgehensweise ist in der Literatur auf Kritik gestoßen. Ob Vermögenswerte die Eigenschaft von Fremd- oder Eigenkapital hätten, ergebe sich allein aus den Vereinbarungen der Gesellschafter. Willenserklärungen zögen Rechtsfolgen gerade deshalb nach sich, weil diese nach dem Willen der Erklärenden eintreten sollten[118]. Eine Gleichsetzung von Darlehen mit haftendem Eigenkapital sei im Wege der Rechtsgeschäftsauslegung nicht erzielbar[119]. Wenn sich der BGH durch Auslegung der Gesellschaftsverträge unter Bezugnahme auf äußere Umstände über den formulierten Willen der Gesellschafter hinwegsetze, sei dies nicht die Feststellung des Parteiwillens, sondern „richterlicher oktroi“[120]. Dieser bedürfe jedoch der Begründung durch einen objektivrechtlichen Rechtssatz.

Vereinzelt wird die Ansicht vertreten, Gesellschaftsverträge seien auch einer objektiven Auslegung zugänglich, wenn eine Bestimmung des Gesellschaftsvertrages für die Gläubiger der Gesellschaft oder die Allgemeinheit von Bedeutung sei. Eine Vertragsbestimmung könne dann im Verhältnis zum jeweils Schutzwürdigen eine andere Bedeutung haben als im Verhältnis der Gesellschafter untereinander[121].

Der Kritik ist zumindest insoweit zu folgen, als sie das offensichtliche Auseinanderfallen von wirklichem und durch Auslegung ermitteltem Willen der Vertragsparteien bemängelt. Es kann jedoch nicht der Ansicht gefolgt werden, daß eine Eigenkapitalqualifizierung der formellen Fremdmittel gegen den Willen der Gesellschafter stets ausgeschlossen sei[122]. Zwar muß der rechtliche Erfolg einer Willenserklärung grundsätzlich vom Erklärenden gewollt sein, es ist jedoch nicht erforderlich, daß der Erklärende sich aller Folgen seines rechtgeschäftichen Handelns bewußt ist[123]. Gestalten die Vertragsparteien in einem Gesellschaftsvertrag daher die Bedingungen für die Überlassung von formellem Fremdkapital derart aus, daß es der Funktion von Eigenkapital nahe kommt, so können sie sich der Rechtsfolgen nicht unter Berufung auf den for-

---

117 Ebenso *K. Schmidt*, Gesellschaftsrecht, S. 419.

118 So *Mundry*, S. 120; dagegen vgl. *Sieker*, Eigenkapital und Fremdkapital der Personengesellschaften, S. 48 ff., nach deren Ansicht die Rechtsfolgen nur die juristische Qualifikation des Rechtsgeschäftes beträfen, das nicht mehr Gegenstand der Auslegung sei.

119 *Joost*, ZGR 1987, S. 396; ähnlich *Mundry*, S. 122.

120 *Joost*, ZGR 1987, S. 397; zustimmend *Schön*, ZGR 1990, S. 241; Anm. *Wiedemann*, JZ 1986, S. 857; *Mundry*, Darlehen und stille Einlagen, S. 122; für die Ansicht der Rechtsprechung jedoch *K. Schmidt*, NJW 1982, S. 2254.

121 So *Wiedemann*, Gesellschaftsrecht I, S. 166 ff. Dagegen Erman/*H. P. Westermann*, BGB, § 705, Rn. 32; Baumbach/*Hueck*, GmbHG, § 2, Rn. 27.

122 In diesem Sinne wohl aber *Mundry*, Darlehen und stille Einlagen, S. 122 f.

123 Vgl. zum Inhaltsirrtum Münchener Kommentar-*Kramer*, BGB, § 119, Rn. 70 f.; *Jauernig*, BGB, § 119, Anm. 3 a bb.

mellen Fremdkapitalcharakter entziehen. Auch in diesem Fall knüpft die Quasi-Eigenkapitalbehandlung von formellem Fremdkapital jedoch an die gesellschaftsvertraglichen Vereinbarungen an. Da der Gesellschaftsvertrag jederzeit geändert und die einzelnen Gesellschafterpflichten erlassen werden können[124], werden die Gläubiger nicht geschützt, solange die Gesellschaft noch besteht.

Gläubigerschutz kann auch nicht durch eine am jeweiligen Schutzbedürfnis orientierte objektive Auslegung der Gesellschaftsverträge erfolgen. Das Bedürfnis nach Rechtssicherheit und die unternehmerische Handlungsfähigkeit erfordern eine einheitliche Auslegung des Gesellschaftsvertrages. Der Schutz Dritter muß daher den allgemeinen Regeln vorbehalten bleiben[125].

cc) Verstoß gegen das Verbot widersprüchlichen Verhaltens, § 242 BGB

Die Problematik besteht bei den Gesellschaftsverträgen mit Einlagesplitting nicht in unterschiedlichen Vertragsauslegungen, sondern darin, daß sich die Gesellschafter in der Krise oder Insolvenz der Gesellschaft auf den Fremdkapitalcharakter ihrer Kapitalleistung berufen und damit den Drittgläubigern den Zugriff darauf verwehren, bzw. in Konkurrenz zu ihnen bei der Verteilung der Masse treten[126].

Ergibt weder der Wortlaut, noch die Auslegung des Gesellschaftsvertrages, daß die Gesellschafter den gemeinsamen Willen hatten, ihre formellen Fremdmittel wie Eigenkapital haften zu lassen, so kann von einer rechtsgeschäftlichen Umqualifizierung formeller Fremdmittel in haftendes Eigenkapital nicht gesprochen werden. Eine Rechtfertigung dafür, eindeutige gesellschaftsvertragliche Vereinbarungen zu übergehen, könnte sich für die Rechtsprechung jedoch aus dem Verbot widersprüchlichen Verhaltens nach § 242 BGB (*venire contra factum proprium*) ergeben. Diesem liegt das Rechtsprinzip des Vertrauensschutzes in die Beständigkeit des Verhaltens, das der Vertragspartner zeigt, zugrunde[127]. Der allein auf dem sozialen Kontakt gründende Ansatzpunkt macht die rechtliche Beurteilung des Sachverhaltes unabhängig von den Willenserklärungen des Rechtsgeschäftes.

---

[124] Vgl. *v. Falkenhausen*, Münchener Handbuch des Gesellschaftsrechts, Band 2, KG § 14, Rn. 35.

[125] Ebenso *Grunewald*, ZGR 1995, S. 75; vgl. auch *Nitschke*, Die kapitalistisch strukturierte Personengesellschaft, S. 166, 172.

[126] Auf den typisierten Vetrauensschutz stellen auch *Hommelhoff/Kleindiek*, FS 100 Jahre GmbHG, S. 442 ab; vgl. Dazu auch *Fleck*, FS Werner, S. 116 f.; *Lutter/Hommelhoff*, ZGR 1979, S. 36 ff.

[127] *Teichmann*, JA 1985, S. 500; *Wieacker*, Zur rechtstheoretischen Präzisierung des § 242 BGB, S. 27; *Dette*, venire contra factum proprium nulli conceditur, S. 47 f., 61; ähnlich auch *Canaris*, Vertrauenshaftung, S.287 ff.; Soergel/*Siebert*, BGB, § 242, Rn. 228 ff.; *Larenz*, Schuldrecht I, S. 133.

Voraussetzung für das Verbot einer treuwidrigen Geltendmachung eines Rechts nach den Grundsätzen von Treu und Glauben wegen widersprüchlichen Verhaltens ist zunächst die Schaffung eines Vertrauenstatbestandes durch zurechenbares Verhalten[128]. Ein solches Verhalten der Gesellschafter ist in der gesellschaftsvertraglichen Ausgestaltung des als Beitrag geschuldeten Fremdkapitals zu erblicken. Bei der Entscheidung über die Finanzierung der Gesellschaft haben sie, vor allem aus steuerlichen Gründen, den Schwerpunkt auf die Fremdkapitalfinanzierung gelegt. Um die unternehmerische Handlungsfähigkeit und die Kreditwürdigkeit der Gesellschaft zu erhalten, wurden die Darlehensverträge und stillen Gesellschaftsverträge jedoch so ausgestaltet, daß dieses formelle Fremdkapital quasi wie Eigenkapital an das Gesellschaftsvermögen gebunden war. Wurde für die Darlehen oder stillen Beteiligungen ein Kündigungsrecht ausgeschlossen, so waren die Finanzmittel sogar stärker an das Gesellschaftsvermögen gebunden als die eigentlichen Hafteinlagen der Kommanditisten, deren Rückzahlung nur die Haftung wieder aufleben läßt, aber nicht unzulässig ist.

Grundlage für das Vorliegen eines Vertrauenstatbestandes ist deshalb, daß den Gesellschaftern die unzureichende Ausstattung mit formellem Eigenkapital bewußt war und sie diese durch die Aufnahme formeller Fremdmittel kompensierten, denen jedoch im Interesse der Kreditwürdigkeit und -fähigkeit im Gesellschaftsvertrag materiell die Funktion von Eigenkapital zugewiesen wurde. Dieses Verhalten muß bei den außenstehenden Gläubigern den Eindruck erwecken, daß die mangelhafte Ausstattung mit formellem Eigenkapital ausschließlich im Hinblick auf die steuerlichen Vorteile der Anleger-Kommanditisten gewählt wurde und die daraus für Drittgläubiger resultierenden erhöhten Risiken durch die besondere Ausgestaltung der Fremdmittel ausgeglichen werden sollten.

Auf das Verbot widersprüchlichen Verhaltens kann sich aber nur berufen, wer selber schutzwürdig ist, d.h. wer auf die Beständigkeit des Verhaltens vertrauen durfte[129]. Die Schutzwürdigkeit der Drittgläubiger besteht darin, daß die gesellschaftsvertraglichen Formulierungen bewußt den Eindruck einer eigenkapitalgleichen Fremdfinanzierung erwecken. Schaffen die Kommanditisten durch eine entsprechende Finanzierung ihrer Unternehmung einen Vertrauenstatbestand, so steht es zu diesem Verhalten in Widerspruch, wenn sie sich im Falle der Krise oder Insolvenz auf den formellen Fremdkapitalcharakter ihrer Kapitalleistungen berufen.

---

[128] Palandt/*Heinrichs*, BGB, § 242, Rn. 56; Münchener Kommentar-*Roth*, BGB, § 242, Rn. 322; Esser/ *Schmidt*, Schuldrecht I, § 10 III 2a; *Teichmann*, JA 1985, S. 501 f. Vgl. auch BGHZ 32, 273, 279; BGH WM 1985, 2590.

[129] BGHZ 87, 169, 177 ff.; 94, 344, 351; BGH NJW 1972, 11418; NJW 1979, 1656; NJW 1985, 2590; NJW 1986, 2107; OLG Köln MDR 1973, 314; OLG Hamm WM 1975, 480; Münchener Kommentar-*Roth*, BGB, § 242, Rn. 326; *Teichmann*, JA 1985, S. 501.

Auch bei Vorliegen eines Vertrauenstatbestandes werden zivilrechtliche Sanktionen nur dann ausgelöst, wenn der Vertrauende eine Vermögensdisposition getroffen hat[130]. Dabei ist der Begriff der Disposition weit auszulegen. Dazu gehören tatsächliche Handlungen, die sich negativ auf die Vermögenssphäre auswirken[131]. Eine solche Vermögensdisposition stellt es auch dar, wenn Dritte einer formell unzureichend mit Eigenkapital ausgestatteten Gesellschaft im Vertrauen auf ihre augenblickliche und künftige Leistungsfähigkeit Darlehen gewähren. Bei dem hier maßgeblichen Vertrauen handelt es sich nicht um das eines einzelnen Teilnehmers am geschäftlichen Verkehr, sondern um das allgemeine Vertrauen des Geschäftsverkehrs, bei dem nicht festgestellt werden muß, ob der einzelne Gesellschaftsgläubiger der Gesellschaft tatsächlich individuelles Vertrauen entgegengebracht hat[132].

Folge des widersprüchlichen Verhaltens ist, daß der Handelnde sich an dem von ihm geschaffenen Vertrauenstatbestand festhalten lassen muß. Der Vertrauenstatbestand wird zum rechtlichen Tatbestand, der Handelnde kann sich nicht mehr auf die an sich gegebene Rechtsstellung berufen, wenn er den Eindruck erweckt hat, er werde das Recht nicht geltend machen. In diesem Fall ist nicht nur die Rechtsausübung unzulässig, sondern das materielle Recht besteht nicht mehr[133]. Dies entspricht dem Vorgehen der Rechtsprechung bei der Behandlung der stillen Beteiligungen und Darlehen von Gesellschaftern bei Publikumspersonengesellschaften mit gesplitteter Einlage. Erwecken die Gesellschafter durch die Formulierungen im Gesellschaftsvertrag den Eindruck, daß sie sich auf den formellen Fremdkapitalcharakter ihrer Kapitalleistungen nicht berufen werden, so sind sie an dieses Verhalten gebunden und die formellen Fremdmittel werden wie haftendes Eigenkapital behandelt.

d) Zusammenfassende Stellungnahme

Die Rechtsprechung des BGH zu den Publikumspersonengesellschaften mit gesplitteter Einlage läßt erkennen, daß es für die Frage nach der Behandlung der Kapitalleistungen, die die Gesellschafter zur Finanzierung ihrer Gesellschaft erbringen, nicht in erster Linie auf deren formelle Qualifikation als Fremd- oder Eigenkapital ankommt. Auch stille Beteiligungen und Gesellschafterdarlehen, zu deren Übernahme sich die Anlage-Kommanditisten neben ihrer Kommanditbeteiligung verpflichten, werden wie haftendes Eigenkapital be-

---

130 *Canaris*, Vertrauenshaftung, S. 338, 511; *Teichmann*, JA 11985, S. 501; einschränkend Münchener Kommentar-*Roth*, BGB, § 242, Rn. 326.

131 *Teichmann*, JA 1985, S. 501.

132 Vgl. dazu *Lutter/Hommelhoff*, ZGR 1979, S. 36 ff; *Canaris*, Vertrauenshaftung, S. 503 f.

133 *Teichmann*, JA 1985, S. 502; Staudinger/*J. Schmidt*, BGB, § 242, Rn. 647; *Larenz*, AT, S. 236 f.

handelt, wenn sie nach ihrer gesellschaftsvertraglich bestimmten Funktion den Charakter von Eigenkapital haben[134].

Grundlage für die Feststellung des Eigenkapitalcharakters, bzw. der Eigenkapitalfunktion der Fremdmittel sind nach der bisherigen Rechtsprechung des BGH die Vereinbarungen der Gesellschafter, so wie sie sich aus den Formulierungen des Gesellschaftsvertrages ergeben. Dies ist unproblematisch, wenn sich direkt aus dem Wortlaut ergibt, daß die Gesellschafter die Fremdmittel als Teil der Eigenkapitalausstattung betrachteten oder wenn sich eine solche Absicht durch Auslegung des Gesellschaftsvertrages ermitteln läßt. Aber auch wenn ein dahingehender Wille der Gesellschafter nicht feststellbar ist, diese aber durch die vertragliche Ausgestaltung der Finanzierungsleistung den Eindruck erweckt haben, das formelle Fremdkapital stehe wie materielles Eigenkapital den Gläubigern zur Verfügung, können sie sich unabhängig von ihren wirklichen Absichten zu einem späteren Zeitpunkt nicht auf die formelle Fremdkapitaleigenschaft berufen. Ein solches Vorgehen würde gegen das aus dem Grundsatz von Treu und Glauben herrührende Verbot des *venire contra factum proprium* verstoßen. Der Rückgriff auf die Rechtsfigur des *venire contra factum proprium* sollte jedoch auf Ausnahmefälle beschränkt bleiben. Die Umqualifizierung formeller Fremdmittel in materielles Eigenkapital gegen den Willen der Gesellschafter darf nur dann vorgenommen werden, wenn diese im Geschäftsverkehr schutzwürdiges Vertrauen erweckt haben und entsprechender Wille der Gesellschafter sich im Wege der Rechtsgeschäftsauslegung nicht ermitteln läßt[135].

Die Gesellschafterfremdmittel haben den Charakter, bzw. die Funktion von Eigenkapital, wenn sie als gesellschaftsrechtlicher Beitrag geschuldet werden und zur Erreichung des Gesellschaftszwecks unerläßlich sind. Das Vorliegen dieser objektiven Tatbestandsmerkmale ergibt sich aus den konkreten Bedingungen, die für die Gesellschafterdarlehen, bzw. stillen Beteiligungen im Gesellschaftsvertrag festgelegt worden sind. Es ist deshalb unzutreffend, wenn der Rechtsprechung vorgeworfen wird, sie lege den Gesellschafter-Fremdmitteln „ohne weiteres den Charakter von Eigenkapital bei“[136]. Der BGH hat eine ganze Reihe von Tatbestandsvoraussetzungen und Indizien entwickelt, anhand derer er die Eigenkapitalfunktion der Gesellschafterfremdmittel prüft. Das gilt sowohl für die Auslegung des Gesellschafterwillens als auch für die Feststellung, ob die Gesellschafter in zurechenbarer Weise den Rechtsschein ausreichender Kapitalausstattung gesetzt haben.

---

[134] Im Ergebnis ebenso BGH NJW 1980, 1522; *Kollhosser*, WM 1985, S. 929 ff.; *K. Schmidt*, FS Goerdeler, S. 490 f.; *Weimar*, DB 1987, S. 1078; *Reusch*, BB 1989, S. 2360; *Schön*, ZGR 1990, S. 228.

[135] Vgl. *Teichmann*, JA 1985, S. 501; *v. Falkenhausen*, Münchener Handbuch des Gesellschaftsrechts, Band 2, KG § 14, Rn. 34.

[136] So aber *Joost*, ZGR 1987, S. 398.

Zurückzuweisen ist auch der Vorwurf, daß es nicht überzeugend sei, wenn der BGH die Vereinbarung des Beitragssplittings in Darlehen und Einlage als nur im Innenverhältnis beachtlich bezeichne, da es allein Sache des Gesellschaftsvertrages sei, zu bestimmen, welche Beiträge in welcher Ausgestaltung die Gesellschafter zu erbringen hätten[137]. Zwar ist es unstreitig, daß die Frage der gesellschaftsvertraglichen Finanzierungsabreden ausschließlich Sache der Gesellschafter ist. Für die Gültigkeit der privatautonomen Vereinbarungen ist es jedoch nicht erforderlich, daß sich die Vertragsparteien über alle Folgen ihres rechtsgeschäftlichen Handelns bewußt waren. Gestalten die Gesellschafter die Pflicht zur Überlassung formeller Fremdmittel bewußt so aus, daß diese die Funktion von haftendem Eigenkapital übernehmen können, so ist es als unerheblicher Rechtsfolgenirrtum zu betrachten, wenn sie sich nicht über die Konsequenz im klaren waren, daß ihre formellen Fremdmittel dann dem formellen Eigenkapital gleichgestellt würden und demnach in der Insolvenz die Funktion von haftendem Eigenkapital übernehmen müßten, das ausschließlich den außenstehenden Gläubigern zu Verfügung zu stehen hat[138]. Darüberhinaus ist anerkannt, daß Rechtsfolgen nicht nur durch rechtsgeschäftliches Handeln, sondern auch durch tatsächliches Verhalten ausgelöst werden können[139]. Neben dem Grundsatz des *venire contra factum proprium* ergibt sich dies auch aus dem allgemeineren Institut der Rechtsscheinhaftung. Danach wird die Verantwortlichkeit des Verpflichteten über die eigene Willenserklärung hinaus erweitert auf das Handeln oder Geschehenlassen im geschäftlichen Verkehr[140]. Damit ignoriert der BGH auch nicht die Unterschiede zwischen Fremd- und Eigenkapital[141], sondern differenziert unter Außerachtlassung der formellen Bezeichnung zwischen der Funktion von Fremd- und der von Eigenkapital.

Die Rechtsprechung des BGH zu den Publikumspersonengesellschaften mit gesplitteter Einlage macht deutlich, daß es für die Bestimmung des haftenden Eigenkapitals der Publikumspersonengesellschaften nicht auf die formelle Bezeichnung ankommt, sondern auf die objektive Funktion. Die Gesellschafter müssen sich als Finanzierungsverantwortliche an der von ihnen dem formellen Fremdkapital zugewiesenen Funktion festhalten lassen und können ihr unternehmerisches Risiko nicht durch eine formelle Fremdkapitalfinanzierung aus Gesellschafterhand auf die außenstehenden Gläubiger abzuwälzen versuchen.

---

[137] *Häuser*, JA 1983, S. 88; im Ergebnis wohl ebenso *Sieker*, Eigenkapital und Fremdkapital der Personengesellschaften, S. 1.

[138] Nach einhelliger Auffassung liegt ein unbeachtlicher Rechtsfolgenirrtum dann vor, „wenn ein rechtsirrtumsfrei erklärtes und gewolltes Rechtsgeschäft außer der mit seiner Vornahme erstrebten Rechtswirkung noch andere, nicht erkannte und nicht gewollte Rechtswirkungen hervorbringt", RGZ 88, 278, 284; ähnlich RGZ 89, 29, 33; 98, 136, 139; 134, 195, 197 f.; BAG NZA 1988, 734 f. Zur engeren Begriff des Inhaltsirrtums der Literatur vgl. Münchener Kommentar-*Kramer*, BGB, § 119, Rn. 70 f.; *Jauernig*, BGB, §§ 119, Anm. 3 a bb.

[139] Vgl. dazu *Flume* Allg. Teil des Bürgerl. Rechts II, S. 113 ff.; *ders.* AcP 161, S. 52 ff.

[140] *Larenz*, AT, S. 635; ähnlich Soergel/*Leptien*, BGB, § 167, Rn. 20 ff.

[141] So der Vorwurf von *Schön*, ZGR 1990, S. 242.

3. Teil

Eigenkapitalersetzende Gesellschafterdarlehen bei GmbH und GmbH & Co. KG

1. Überblick

Anders als bei den Personengesellschaften gibt es für die GmbH und die GmbH & Co, KG schon seit langem Regeln für die Behandlung eigenkapitalersetzender Gesellschafterleistungen. Mit der GmbH-Novelle von 1980 wurde versucht, die von der Rechtsprechung entwickelten Grundsätze in einer gesetzlichen Regelung festzuhalten.

a) Zielsetzung des Kapitalersatzrechts

Für den Gesetzgeber war Anlaß für eine Novellierung des GmbH-Rechts in erster Linie die Notwendigkeit einer Verstärkung des Gläubigerschutzes[1], was die Rechtsprechung vorher schon über die analoge Anwendung der §§ 30, 31 GmbHG zu erreichen versucht hatte. Das Kapitalersatzrecht soll verhindern, daß die Gesellschafter das Geschäftsrisiko auf die außenstehenden Gläubiger abwälzen, indem sie die Gesellschaft durch die Zuführung von Fremdkapital an Stelle von haftendem Eigenkapital finanzieren und sich dann im Falle des wirtschaftlichen Zusammenbruchs, auf ihre formelle Gläubigerstellung berufend, vorrangig oder konkurrierend mit den außenstehenden Gläubigern befriedigen[2]. Es ist Ausdruck für die von den Anteilseignern zu tragende Finanzierungsverantwortung, daß das von den Gesellschaftern aufzubringende Eigen-

---

[1] BT-Drucks. 8/1347, S. 39; vgl. auch *Hommelhoff/Kleindiek*, FS 100 Jahre GmbHG, S. 428; *Ulmer*, ZIP 1984, S. 1166. Ebenso BGHZ 121, 31, 34; OLG München NJW-RR 1994, 1060.

[2] So ausdrücklich die Begründung zum RegE BT-Drucks. 8/1847 S. 39; s.a. BGHZ 31, 258, 268 ff; 676, 326, 329; ebenso *Ulmer*, ZIP 1984, S. 1166; *Fleck*, FS Werner, S. 116; *Ullrich*, GmbHR 1983, S. 133, 142; zur möglichen Sittenwidrigkeit solchen Verhaltens vgl. schon RG JW 1938, 862, wo auf die mißbräuchliche Ausnutzung der Haftungsbeschränkung in der GmbH abgestellt wird. Nach *K. Schmidt*, ZHR 147 (1983), S. 179 sind die Grundsätze über kapitalersetzende Darlehen Bestandteil der gesellschaftsrechtlichen Seriositätsgewähr in der Kapitalaufbringungsfrage.

kapital im Falle des Scheiterns der Gesellschaft in der Regel verloren ist, während die normalerweise von Dritten gewährten Fremdmittel zur Konkurstabelle angemeldet werden können[3]. Reicht das Gesellschaftsvermögen zur Fortsetzung der Geschäftstätigkeit nicht aus, so haben die Gesellschafter die Wahl, ob sie die Gesellschaft liquidieren oder ob sie sie unter Zuschuß von haftendem Kapital weiterführen wollen. Setzen sie jedoch statt dessen durch die Zufuhr von Fremdmitteln den Rechtsschein einer finanziell handlungsfähigen Gesellschaft, so müssen sie sich an dieser Entscheidung festhalten lassen und hinnehmen, daß die Mittel, ihrer Funktion entsprechend, wie haftendes Eigenkapital gebunden werden. Ein Abzug dieser Mittel vor Erreichen des damit verfolgten Zwecks wäre treuwidrig und würde in Widerspruch zu dem vorherigen Verhalten stehen[4]. Es geht daher bei den Kapitalersatzregeln nicht um die Sanktion einer unterlassenen Mittelzuführung, sondern letztlich um die rechtliche Einordnung zugeführter Leistungen als Fremdkapital oder eigenkapitalgleiche Mittel[5]. Eine Pflicht zu angemessener Kapitalausstattung der GmbH seitens ihrer Gesellschafter sollte auch mit der GmbH-Novelle nicht eingeführt werden[6].

b) Historische Entwicklung

Von der Rechtsprechung wurde schon früh erkannt, daß sich die Finanzierung materiell unterkapitalisierter Gesellschaften durch Kredite ihrer Gesellschafter nicht zu Lasten der sonstigen Gesellschaftsgläubiger auswirken dürfe[7]. Nachdem das Reichsgericht zunächst eine Lösung über § 826 BGB versucht hatte[8], entschied sich der BGH in einer Grundsatzentscheidung aus dem Jahre 1959 für die analoge Anwendung der Kapitalerhaltungsregeln nach §§ 30, 31 GmbHG[9]. Tragender Gesichtspunkt war zunächst die Funktionsgleichheit von Eigenkapital und kapitalersetzenden Darlehen. So könnten Gesellschafterdarlehen die drohende Konkursantragspflicht nach § 64 Abs. 1 GmbHG wegen Überschuldung der Gesellschaft nur dann abwenden, wenn sie wie haftendes

---

[3] BGHZ 90, 381, 389 im Anschluß an *K. Schmidt*, Gutachten zum 54. Dt. Juristentag 1982, D. 107, *ders.*, ZHR 147 (1983), S. 178; Hachenburg/*Ulmer*, GmbHG, Anh. § 30, Rn. 11; vgl. dazu auch Scholz/*K.Schmidt*, GmbHG, §§ 32a, 32b, Rn. 5; *Grunewald*, Gesellschaftsrecht, S. 351; *Wiedemann*, ZIP 1986, S. 1299 f.

[4] So die gefestigte Argumentation der Rechtsprechung; vgl. BGHZ 31, 258, 272; 75, 334, 338; 76, 326, 329; 81, 252, 257; 90, 381, 388 f; 109, 55, 57; BGH WM 1972, 75; WM 1990, 504; NJW 1993, 393; ähnlich *Wiedemann*, Gesellschaftsrecht I, S. 569.

[5] So zutreffend Scholz/*K. Schmidt*, GmbHG, §§ 32a, 32b, Rn. 3.

[6] *Ulmer*, ZIP 1984, S. 1166; zur Problematik eindeutiger materieller Unterkapitalisierung siehe Hachenburg/*Ulmer*, GmbHG, Anh. § 30, Rn. 35 ff.

[7] Vgl. auch *Lutter/Hommelhoff*, GmbHG, §§ 32 a/b, Rn. 1.

[8] RG JW 1938, 862; RGZ 166, 51, 57.

[9] BGHZ 31, 258.

Eigenkapital behandelt würden[10]. Behandele man solche Gesellschafterdarlehen wie Schulden, so würden sie die konkursauslösende Überschuldung nicht beseitigen, sondern sogar verschärfen. Kapitalersetzende Gesellschafterdarlehen seien daher als Gesellschaftsvermögen zu behandeln, das wie haftendes Eigenkapital der Kapitalbindung nach §§ 30, 31 GmbHG unterliege.

Durch die GmbH-Novelle sollte diese Judikatur kodifiziert und damit auf eine berechenbarere Grundlage gestellt werden[11]. Tatsächlich stellen die Vorschriften der GmbH-Novelle jedoch ein rein insolvenzrechtliches Regelungssystem dar, das hinter dem bereits durch die Rechtsprechung erreichten Zustand zurückbleibt[12]. Aus diesem Grund besteht seit dem Urteil des BGH vom 26.3.1984[13] in Rechtsprechung und Schrifttum Einigkeit darüber, daß wegen des eingeschränkten Anwendungsbereichs der Novellenregelungen die vom BGH und der Literatur in analoger Anwendung der §§ 30, 31 GmbHG entwickelten Grundsätze weiterhin zur Anwendung kommen[14].

c) Das Verhältnis der BGH-Regeln zu den Novellen-Regeln

Nachdem die Fortgeltung der BGH-Regeln neben den Novellen-Regeln allgemein anerkannt ist, ergibt sich aus diesem Nebeneinander ein zweistufiges Eigenkapitalschutzsystem[15]. Dieses besteht aus einem präventiven und einem reaktiven Teil. Präventiv wirken die BGH-Regeln, die, entsprechend §§ 30, 31 GmbHG, das durch Gesellschafterdarlehen aufgebrachte Vermögen der Gesellschaft bis zur Höhe der Stammkapitalziffer vor Aushöhlung zugunsten der Gesellschafter schützen, indem sie Rückzahlungen an die Gesellschafter und wirtschaftlich entsprechende Handlungen verbieten. Der durch die Novellen-Regeln bewirkte reaktive Schutz besteht darin, daß nach Eröffnung des Konkurs- oder Vergleichsverfahrens über das Vermögen der Gesellschaft eigenkapitalersetzende Darlehen der Gesellschafter nicht im Insolvenzverfahren

---

[10] BGHZ 31, 258, 272.

[11] BT-Drucks. 8/1347, S.39; *Lutter/Hommelhoff*, GmbHG, §§ 32 a/b, Rn. 1; *Kübler*, Gesellschaftsrecht, S. 235.

[12] *Kübler*, Gesellschaftsrecht, S. 252,; Baumbach/*Hueck*, GmbHG, § 32 a, Rn. 4; *K.Schmidt*, Gesellschaftsrecht, S. 957; vgl. dazu auch *dens.*, JZ 1984, S. 880.

[13] BGHZ 90, 370.

[14] BGHZ 95, 188, 192; *Lutter/Hommelhoff*, GmbHG, §§ 32 a/b, Rn. 4; *Hommelhoff*, ZGR1988, S. 485; BGH WM 1987, S. 226; Scholz/*K.Schmidt*, GmbHG, §§ 32a, 32b, Rn. 76; Baumbach/*Hueck*, GmbHG, § 32a, Rn. 74; *Ulmer*, ZIP 1984, S. 1163; *Wank*, ZGR 1988, S. 378; *Geßler*, ZIP 1981, S. 233; *Kamprad*, Gesellschafterdarlehen, S. 47; *Lutter*, DB 1980, S. 1321; *Rowedder*, GmbHG, § 32a, Rn. 3; *Ostheim*, WBl 1993, S. 387 f; a.A. noch *K. Schmidt*, NJW 1980, S. 1772; relativierend jedoch *ders.* in ZIP 1981, S. 696 f.

[15] *Lutter/Hommelhoff*, GmbHG, §§ 32 a/b, Rn. 4; *v. Gerkan*, GmbHR 1986, S. 219; *ders.*, GmbHR 1990, S. 385; *v. Gerkan/Hommelhoff*, Kapitalersatz, S. 55 ff; *Priester*, FS Döllerer 1988, S. 483.

geltend gemacht werden dürfen. Darüberhinaus hat die Gesellschaft Anspruch auf Rückerstattung aller Beträge, die zur Tilgung von Gesellschafterdarlehen im Jahr vor Konkurseröffnung zurückbezahlt worden sind.

Die BGH-Regeln behalten ihre Bedeutung demnach in den Fällen, in denen es mangels Masse nicht zur Eröffnung des Konkursverfahrens kommt, sowie für Zahlungen der zahlungsfähigen Gesellschaft an Gesellschafter, die nur durch Angriff des nominellen Stammkapitals möglich sind[16]. In der Regel wird darüberhinaus die analoge Anwendung des Rückzahlungsverbots nach § 30 GmbHG dazu führen, daß eine Konkursforderung, die nach § 32a Abs. 1 GmbHG nicht zur Konkurstabelle angemeldet werden kann, gar nicht erst entsteht[17].

Der GmbH-rechtliche Eigenkapitalschutz erfolgt demnach vor Eröffnung des Konkurs- oder Vergleichsverfahrens oder bei Ablehnung eines solchen Verfahrens mangels Masse durch die Bindung eigenkapitalersetzender Gesellschafterdarlehen bis zur Höhe des eingetragenen Stammkapitals und nach Eröffnung des Insolvenzverfahrens durch die betragsmäßig unbeschränkte Haftung für die Rückerstattung verbotswidrig zurückgezahlter Gesellschafterleistungen nach den Novellen-Regeln.

2. Tatbestandsvoraussetzungen

Voraussetzung für eine Umqualifzierung von formellem Fremdkapital in materielles Eigenkapital nach den GmbH-rechtlichen Kapitalersatzregeln ist der materielle Eigenkapitalcharakter, bzw. die objektive Eigenkapitalfunktion der Fremdmittel. Wegen der vergleichbaren Funktionen wendet der BGH die Vorschriften zur Erhaltung des Stammkapitals nach §§ 30, 31 GmbHG analog auch auf Fremdkapitalleistungen aus Gesellschafterhand an. Die Tatbestandsvoraussetzungen der GmbH-rechtlichen Kapitalersatzhaftung orientieren sich deshalb an den Kriterien des formellen Eigenkapitals.

a) Normadressaten

aa) Gesellschafter

Die Kapitalersatzvorschriften betreffen zunächst nur Gesellschafter, die ihrer Gesellschaft ein kapitalersetzendes Darlehen oder eine wirtschaftlich entspre-

---

16 *Rowedder*, GmbHG, § 32a, Rn. 3.

17 Ebenso *Kübler*, Gesellschaftsrecht, S. 236. Auf die im Vergleich zu den BGH-Regeln geringe Bedeutung der Novellen-Regeln weist auch *Grunewald* hin, Gesellschaftsrecht, S. 354 f.

chende Leistung gewährt haben, auch wenn sie den Gesellschaftsanteil nur treuhänderisch für Dritte halten[18]. Da die Umqualifizierung der formellen Fremdmittel in haftendes Eigenkapital jedoch auf dem Gedanken der unternehmerischen Finanzierungsverantwortung beruht, ist umstritten, ob eine bestimmte Mindestbeteiligung des Kreditgebers vorauszusetzen ist. Die Rechtsprechung hält sich trotz Kritik aus dem Schrifttum[19] eng an den Wortlaut des § 32a GmbHG, der keinen bestimmenden Einfluß auf die Gesellschaft voraussetzte. Die Höhe der Beteiligung sei für die Kapitalersatzhaftung ebenso unmaßgeblich wie der Grund der Gesellschaftsbeteiligung[20]. Anderes soll jedoch für Aktiengesellschaften gelten, auf die der BGH die Grundsätze über die Behandlung kapitalersetzender Gesellschafterdarlehen sinngemäß anwendet[21]. Die für die Umqualifizierung vorausgesetzte unternehmerische Mitverantwortung trage in Aktiengesellschaften nur der Aktionär, der über eine die Sperrminortät von 25% sichernde wesentliche Beteiligung verfüge[22].

Der Austritt des Gesellschafters aus der Gesellschaft befreit diesen nicht von der Kapitalersatzhaftung, wenn die Tatbestandsvoraussetzungen für die Eigenkapitalqualifikation, bzw. die rechtliche Verpflichtung zur Finanzierungsleistung bereits vorlagen, als der Gläubiger noch Gesellschafter war[23]. Tritt die für die Qualifizierung als Ersatzkapital notwendige Krise erst nach Ausscheiden des Gesellschafters ein, so muß allerdings auf Seiten des Gesellschafters eine Zweckbestimmung dahingehend vorliegen, daß das Darlehen im Falle einer späteren Kreditunfähigkeit der Gesellschaft eigenkapitalersetzend werden solle[24]. Kredite, die der Gesellschafter vor seinem Eintritt der Gesellschaft gewährt hat, können der Kapitalersatzhaftung dann unterliegen, wenn schon

---

[18] So BGHZ 105, 168, 175. Anders LG Hamburg, ZIP 1987, 22. Vgl. dazu auch *Rümker/H. P. Westermann*, Kapitalersetzende Darlehen, S. 33 f.; Baumbach/*Hueck*, GmbHG, § 32a, Rn. 23; *Rowedder*, GmbHG, § 32a, Rn. 13.

[19] *Lutter/Hommelhoff*, GmbHG, §§ 32 a/b, Rn. 51, die bei einer Beteiligung von weniger als 10% die mitunternehmerische Verantwortung ablehnen; in diesem Sinne wohl auch *Ullrich*, GmbHR 1983, S. 144 (Fn. 116); ähnlich auch *Kübler*, Gesellschaftsrecht, S. 237.

[20] BGHZ 81, 314 f.; 105, 168, 175; OLG Hamburg, GmbHR 1990, 131; BGH WM 1990, 554; zustimmend Baumbach/*Hueck*, GmbHG, § 32a, Rn. 17, 19; Scholz/*K. Schmidt*, GmbHG, §§ 32a, 32b, Rn. 30; *Ulmer*, ZIP 1984, S. 1167; *Dreher*, ZIP 1990; S. 81 differenzierend *Rowedder*, GmbHG, § 32a, Rn. 18.

[21] BGHZ 90, 381, 390 f.

[22] Kern der unterschiedlichen Behandlung von Aktionärsdarlehen und GmbH-Gesellschafterdarlehen ist nach *Ulmer*, ZIP 1984, S. 1166 f. die unterschiedliche Stellung der Gesellschafter. Wegen seiner typischen Insiderstellung trage der GmbH-Gesellschafter im Gegensatz zum normalen Aktionär eine besondere Finanzierungsverantwortung; ähnlich auch *Ullrich*, GmbHR 1983, S. 142.

[23] BGH WM 1985, 1028, 1029; NJW 1987, 1080; WM 1990, 553; zustimmend *Lutter/Hommelhoff*, GmbHG, §§ 32 a/b, Rn. 54; *Rowedder*, GmbHG, § 32a, Rn. 14.

[24] BGH WM 1985, 1029; WM 1986, 1555; DB 1987, 160.

ihre Hingabe mit Hinblick auf den späteren Gesellschaftsbeitritt begründet war[25].

bb) Gesellschaftern gleichgestellte Dritte

Außer den Gesellschaftern können auch die Kapitalleistungen Dritter unter bestimmten Voraussetzungen eigenkapitalersetzenden Charakter haben. Schon in der Lufttaxi-Entscheidung[26] hatte sich der BGH mit einem Darlehen auseinanderzusetzen, das der Hintermann bei einer zulässigen Strohmanngründung[27] der GmbH zur Verfügung gestellt hatte und das an ihn zurückbezahlt worden war. Der BGH stellte auf die tatsächliche wirtschaftliche Lage und die andernfalls eröffneten Umgehungsmöglichkeiten ab und bejahte die Kapitalersatzhaftung des Hintermanns in analoger Anwendung des § 46 Abs. 5 AktG (n.F.)[28], dessen Wertung wegen der gleichen Interessenlage auf die GmbH übertragbar sei[29]. Die wirtschaftliche Realität war auch ausschlagebend für die Anwendung der Kapitalersatzregeln auf den Treugeber, dessen Anteile vom Gründungsgesellschafter treuhänderisch gehalten werden[30]. Treuhänder und Treugeber haften daher nach § 32a Abs. 1, bzw. § 32a Abs. 3 GmbHG im Interesse eines effektiven Gläubigerschutzes parallel[31].

Die Ausdehnung des Kreises der Normadressaten auf Personen, deren Stellung wirtschaftlich der eines Gesellschafters entspricht, wurde im Rahmen der GmbH-Novelle, auch zur Abwehr von Umgehungsversuchen, in § 32a Abs. 3 GmbHG übernommen. Bedeutung hat dies vor allem bei Verwandtschaftsverhältnissen, stillen Beteiligungen und verbundenen Unternehmen gewonnen. Nach § 32a Abs. 3 GmbHG gelten die Kapitalersatzvorschriften sinngemäß für Rechtshandlungen eines Dritten, die der Darlehensgewähr durch einen Gesellschafter entsprechen.

Verwandte des Gesellschafters können jedoch nach Ansicht des BGH nicht automatisch den Gesellschaftern gleichgestellt werden[32]. Eindeutig sei dies nur

---

[25] *Canaris*, FS Fischer, S. 32 f; *Fischer*, Anm. zu BGH LM Nr. 2 zu § 30 GmbHG; *Lutter/Hommelhoff*, GmbHG, §§ 32 a/b, Rn. 53; sehr weitgehend *Rowedder*,GmbHG, § 32a, Rn. 14.

[26] BGHZ 31, 258.

[27] Zur Zulässigkeit von Strohmanngründungen vgl. BGHZ 21, 378, 382; 31, 258, 263 ff.

[28] § 39 Abs. 5 AktG (a.F.).

[29] BGHZ 31, 258, 267.

[30] BGHZ 75, 334, 336 wonach der Treugeber als der wahre wirtschaftliche Halter der Anteile zu behandeln ist; ebenso Baumbach/*Hueck*, GmbHG, § 32a, Rn. 23; *Rümker/H. P. Westermann*, Kapitalersetzende Darlehen, S. 33.

[31] *Rümker*, FS Stimpel, S. 687.

[32] OLG Hamburg DB 1986, 1330.

der Fall, wenn der Gesellschafter seinen nahen Verwandten Mittel mit der Auflage überträgt, damit der Gesellschaft ein Darlehen zu gewähren[33].

Im Gegensatz zu den normalen Gesellschaftern unterliegen stille Gesellschafter nur dann der Kapitalersatzhaftung, wenn sie in atypischer Weise über Mitbestimmungs- und Kontrollrechte verfügen, die sie de facto einem normalen Gesellschafter gleichstellen[34]. Unter den gleichen Voraussezungen kann auch ein Pfandnehmer der Kapitalersatzhaftung unterliegen, wenn sein Pfandrecht am Gesellschaftsanteil atypisch ausgestaltet ist und seine wirtschaftliche Stellung durch die Einräumung von Mitwirkungs- und Kontrollrechten der eines Gesellschafters nahe kommt[35].

Der Kapitalersatzhaftung können auch Darlehen Dritter unterliegen, die mit dem Gesellschafter in einer Unternehmensverbindung stehen. Voraussetzung dafür ist nach der Rechtsprechung des BGH, daß Gesellschafter und Kreditgeber eine wirtschaftliche Einheit darstellen, die den Kreditgeber wirtschaftlich wie einen Gesellschafter erscheinen läßt[36]. Dies sei z.B. dann der Fall, wenn die Gesellschafter des Gläubigerunternehmens identisch seien mit denen des Schuldnerunternehmens[37]. Nach Auflösung der Unternehmensverbindung sind die Kreditgeber wie ausgeschiedene Gesellschafter zu behandeln, d.h. in einer späteren Krise werden die Darlehen nur dann eigenkapitalersetzend, wenn sie bereits bei Hingabe auf eine spätere Krisenfinanzierung angelegt waren[38].

Den GmbH-rechtlichen Kapitalersatzregeln unterliegen demnach neben den eigentlichen Gesellschaftern alle juristischen und natürlichen Personen, deren kapitalersetzende Leistungen wirtschaftlich einem Gesellschafter zugerechnet werden können oder einem Dritten, dessen wirtschaftliche Stellung der eines Gesellschafters entspricht. Die schon im Rahmen der BGH-Regeln entwickelte Praxis hat der Gesetzgeber im Zuge der GmbH-Novelle in § 32a Abs. 3 GmbHG bestätigt.

---

[33] BGH, WM 1987, 349; BB 1991, 641; ZIP 1993, 1073; ebenso Hachenburg/*Ulmer*, GmbHG, §§ 32a,b, Rn. 118 f.; Scholz/*K. Schmidt*, GmbHG, §§ 32a, 32b, Rn. 119; *Lutter/Hommelhoff*, GmbHG, §§ 32a/b, Rn. 55 f.; Baumbach/*Hueck*, GmbHG, § 32a, Rn. 25.

[34] BGH WM 1983, 594, 595; BGHZ 106, 7, 10 f.; OLG Hamburg ZIP 1990, 792 f.

[35] BGHZ 119, 191, 195 f.

[36] BGHZ 81, 311, 315; 105, 168, 176 f.; BGH NJW 1984, 1036; NJW 1987, 1081; OLG Köln ZIP 1986, 1587 f.; OLG Hamburg DB 1987, 1778; für den Fall der Betriebsaufspaltung siehe BGH NJW 1993, 392 f.; ähnlich *v. Gerkan*, GmbHR 1986, S. 223; *K. Schmidt*, ZIP 1981, S. 694.

[37] BGH WM 1986, 1555.

[38] BGH WM 1986, 1554.

b) Darlehensgewährung und wirtschaftlich entsprechende Handlungen

Unter die GmbH-rechtlichen Kapitalersatz-Regeln fallen zunächst alle Geld- oder Sachdarlehen, die die Gesellschafter oder ihnen gleichgestellte Dritte der Gesellschaft zur Verfügung stellen. Unerheblich ist, ob das Darlehen nur von einem einzelnen oder mehreren Gesellschaftern aufgebracht wird und ob die Darlehensvereinbarung auf einem Einzelvertrag oder dem Gesellschaftsvertrag, bzw. einem bindenden Beschluß der Gesellschafterversammlung beruht[39].

Darüberhinaus werden im Interesse eines effektiven Gläubigerschutzes auch solche Tatbestände von den Kapitalersatzvorschriften erfaßt, die wirtschaftlich einer Darlehensgewähr durch einen Gesellschafter entsprechen. Für den Anwendungsbereich der Novellen-Vorschriften ergibt sich dies aus § 32a Abs. 3 GmbHG. In Betracht kommen alle Kapitalleistungen, die im weitesten Sinne Kreditfunktion haben[40]. Dazu sind insbesondere stille Beteiligungen des Gesellschafters an der GmbH und Stundungen sonstiger Forderungen gegen die Gesellschaft zu zählen[41].

Umstritten in Rechtsprechung und Literatur ist, ob auch die Nutzungs- oder Gebrauchsüberlassung aufgrund eines Miet- oder Pachtverhältnisses eine eigenkapitalersetzende Leistung i.S.v. § 32a Abs. 3 GmbHG sein kann. Nach Auffassung des BGH kann es im Interesse der Gläubiger keinen Unterschied machen, ob der Gesellschafter der Gesellschaft in der Krise die benötigten Mittel miet- oder pachtweise überläßt oder ob er das zu deren Beschaffung notwendige Kapital in Form eines Kredites zur Verfügung stellt[42]. Weitgehend ungeklärt sind die Rechtsfolgen der eigenkapitalersetzenden Gebrauchsüberlassung. Da die überlassene Sache anders als Darlehen im Eigentum des Gesell-

---

[39] *Rowedder*, GmbHG, § 32a, Rn. 23; Scholz/*K. Schmidt*, GmbHG, § 32a,32b, Rn. 27; vgl. dazu i.ü. die Nachweise bei Baumbach/*Hueck*, GmbHG, § 32a, Rn. 29.

[40] V. *Gerkan*, GmbHR 1990, S. 386; ähnlich *Rowedder*, GmbHG, § 32a, Rn. 23.

[41] Vgl. dazu und zu den sonstigen der Darlehenshingabe entsprechenden Finanzierungsleistungen Baumbach/*Hueck*, GmbHG, § 32a, Rn. 30; *Rowedder*, GmbHG, § 32a. Rn. 25; *v. Gerkan/ Hommelhoff*, Kapitalersatz, S. 126 ff.; *Rümker/H. P. Westermann*, Kapitalersetzende Darlehen, S. 21 ff.; Scholz/*K.Schmidt*, GmbHG, §§ 32a, 32b, Rn. 105; *ders.*, ZIP 1981, S. 693; Hachenburg/ *Ulmer*, GmbHG, §§ 32a, 32b Rn. 96; *Kamprad*, Gesellschafterdarlehen, S. 41, 42; *Gersch/Herget/ Marsch/Stützle*, Die GmbH-Reform 1980, Rn. 275 f; so auch ausdrücklich noch § 32a Abs. 7 GmbHG im RegE 1977.

[42] BGHZ 109, 55, 58; BGH NJW 1993, 392; zustimmend *Grunewald*, Gesellschaftsrecht, S. 353; *Lutter/Hommelhoff*, GmbHG, §§ 32a/b, Rn. 98 ff. Dagegen *K. Schmidt*, ZIP 1990, S. 69 ff., der wegen des fehlenden Übergangs der überlassenen Gegenstände in das Vermögen der Gesellschaft nicht auf die eigenkapitalersetzende Nutzungsüberlassung, sondern auf in der Krise gestundete oder stehengelassene und deshalb eigenkapitalersetzende Miet- oder Pachtzinsen abstellen will. Nach der Ansicht von *Wiedemann/Fleischer*, JZ 1994, S. 206 kann es bei dem häufigen Fall der Betriebsaufspaltung für die Festellung der Kapitalersatzfunktion nicht auf den Kriseneintritt ankommen, da hier häufig ein Vergleichsmarkt fehle. Bei einer finanzplanähnlichen Gebrauchsüberlassung sei diese jedoch als von Anfang an kapitalersetzend anzuzusehen; vgl. dazu auch *Kallmeyer*, GmbHR 1994, S. 290.

schafters bleibt, würden die normalen Rechtsfolgen des Kapitalersatzrechts zu unbilligen Ergebnissen führen. Nach Ansicht des BGH sind angemessene Rechtsfolgen im Wege der Rechtsfortbildung zu entwickeln. Einigkeit besteht jedoch insoweit, als daß das für die Überlassung vereinbarte Entgelt nicht verlangt werden kann.[43].

Neben der Leistungsgewährung durch den Gesellschafter kann auch das Stehenlassen einer noch unter wirtschaftlich gesunden Verhältnissen gewährten Leistung die GmbH-rechtliche Kapitalersatzhaftung auslösen. Auch in einem solchen Falle dient die Leistung ungeachtet ihrer ursprünglichen Zwecksetzung nach Eintritt der Krise dazu, das notleidende Unternehmen auf eine Weise künstlich am Leben zu erhalten, die mit Rücksicht auf die hierdurch gefährdeten oder auch getäuschten Gläubiger allenfalls dann zu verantworten ist, wenn die als Ersatz für fehlendes Eigenkapital stehengelassenen Mittel im Unternehmen bleiben, bis es wieder ohne sie lebensfähig ist[44]. Das Stehenlassen kann aber nur dann einer eigenkapitalersetzenden Leistung gleichgestellt werden, wenn es dem Gesellschafter als Finanzierungsentscheidung zuzurechnen ist. Nach der umstrittenen Auffassung des BGH ist dafür keine Finanzierungsabrede zwischen dem Gesellschafter und der Gesellschaft notwendig, sondern es reicht die einseitige Entscheidung des Gesellschafters[45]. Von einer Finanzierungsentscheidung des Gesellschafters kann jedoch nur dann ausgegangen werden, wenn dieser die Möglichkeit hatte, seine Leistung bei Eintritt der Krise abzuziehen[46]. In einer neueren Entscheidung hat der BGH festgestellt, daß dies auch dann der Fall sei, wenn der Gesellschafter über den gesellschaftsrechtlichen Einfluß verfüge, die Gesellschaft unter Entzug der ihr zur Verfügung gestellten Mittel zu liquidieren[47].

---

[43] BGHZ 109, 55, 59 im Anschluß an *Ulmer*, ZIP 1984, S. 1163; der BGH konnte in diesem Fall die Frage nach den Rechtsfolgen offenlassen, weil sich die Parteien nur um den Mietzins stritten, der grundsätzlich unter das Rückzahlungsverbot nach §§ 31 oder 32a GmbHG fällt, vgl. dazu BGHZ 66; 67, 171, 179, 75, 334, 339; 76, 326, 334; 109, 55; BGH NJW 1995, 458. Ebenso *Grunewald*, Gesellschaftsrecht, S. 354; *Lutter/Hommelhoff*, GmbHG, §§ 32a/b, Rn. 104; *Ulmer*, FS Kellermann, S. 498.

[44] BGHZ 75, 334, 337; ähnlich auch BGHZ 76, 326, 330 f.; BGH NJW 1993, 393; *Rümker/H. P. Westermann*, Kapitalersetzende Darlehen, S. 345.

[45] BGH NJW 1985, 2719; WM 1987, 285; NJW 1992, 1764; ebenso OLG Hamburg, GmbHR 1988, 141; OLG Hamm GmbHR 1994, 59. Zum Streit, ob eine einseitige Finanzierungsentscheidung oder eine zumindest rechtsgeschäftsähnliche Grundlage erforderlich ist vgl. Scholz/*K. Schmidt*, GmbHG, §§ 32a, 32b, Rn. 44; *Ostheim*, WBl 1994, S. 185 ff.

[46] BGHZ 75, 334, 338; 81, 252, 256 f; 104, 33, 37; BGH NJW 1985, 2719; NJW 1991, 357; NJW 1992, 1170; NJW 1993, 393; *Lutter/Hommelhoff*, GmbHG, §§ 32a/b, Rn. 44; *Rümker*, FS Stimpel, S. 699; *Ostheim*, WBl 1994, S. 186.

[47] BGH NJW 1993, 392; zustimmend *Grunewald*, Gesellschaftsrecht, S. 352. Im Ergebnis so wohl auch schon *v. Gerkan/Hommelhoff*, Kapitalersatz, S. 139 f. Vgl. dazu auch die Anmerkung von *Wiedemann/Fleischer*, JZ 1994, S. 206.

c) Gesellschaftersicherheiten

Gemäß § 32a Abs. 2 GmbHG können der GmbH-rechtlichen Kapitalersatzhaftung auch Sicherheiten unterliegen, die Gesellschafter zur Sicherung von Darlehen außenstehender Gläubiger stellen. Der Gesetzgeber hat damit die Argumentation des BGH aufgegriffen, daß die Sicherheitenstellung durch einen Gesellschafter vom wirtschaftlichen Erfolg her gesehen der unmittelbaren Darlehenshingabe durch einen Gesellschafter entspreche, wenn sie nichts weiter als ein Weg sei, der vor dem wirtschaftlichen Zusammenbruch stehenden Gesellschaft durch persönlichen Vermögenseinsatz, aber unter Vermeidung einer sonst gebotenen Kapitalerhöhung, neue Mittel zuzuführen[48].

Der Begriff der Sicherung ist weit auszulegen. Tatbestandsmäßig sind zunächst alle persönlichen und dinglichen Sicherheiten wie Bürgschaften und Pfandrechte, darüberhinaus aber auch die sonstigen Formen der Gläubigersicherung wie Sicherungsübereignung, Schuldübernahme, Garantieversprechen oder wechselrechtliche Verpflichtungen[49]. Einigkeit dürfte auch weitgehend darin bestehen, daß sog. Patronatserklärungen in Form von Finanzierungs-, bzw. Liquiditätszusagen ebenfalls als kapitalersetzende Sicherheiten qualifiziert werden können[50].

d) Kapitalersatzfunktion

Der Kapitalersatzhaftung können nur solche Darlehen der Gesellschafter oder ihnen wirtschaftlich gleichstehender Dritter unterliegen, die eigenkapitalersetzend sind. Nach § 32a Abs. 1 GmbHG sind darunter Darlehen zu verstehen, die die Gesellschafter der Gesellschaft in einem Zeitpunkt gewähren, in dem ihr die Gesellschafter als ordentliche Kaufleute Eigenkapital zugeführt hätten. Mit dieser Formulierung wollte der Gesetzgeber an die von der Rechtsprechung entwickelten Kriterien anknüpfen[51]. Aus diesem Grunde werden nach ganz herrschender Meinung die für die Anwendung der BGH-Regeln herausgearbeiteten Tatbestandsmerkmale auch bei der Prüfung der eigenkapitalersetzenden Funktion nach § 32a Abs. 1 GmbHG angewendet[52].

---

[48] BGHZ 67, 171, 182; 81, 252, 255; BGH WM 1981, 870; OLG Hamburg, ZIP 1980, 911.

[49] Vgl. dazu m.w.N. *Rowedder*, GmbHG, § 32a, Rn 33 f.; Scholz/*K. Schmidt*, GmbHG, §§ 32a, 32b; Rn. 130; *Lutter/Hommelhoff*, GmbHG, §§ 32a/b, Rn. 74.

[50] *Rowedder*, GmbHG, § 32a, Rn. 33; Scholz/*K. Schmidt*, §§ 32a, 32b, Rn. 130; *Lutter/Hommelhoff*, GmbHG, §§ 32a/b, Rn. 79; einschränkend Hachenburg/*Ulmer*, GmbHG, §§ 32a,b, Rn. 136; s. im einzelnen dazu auch *Schaffland*, BB 1977, S. 1021 ff.; *Obermüller*, ZIP 1982, S. 915; *Wiedemann/Hermanns*, ZIP 1994, S. 997.

[51] Vgl. BT-Drucks. 8/1347, S. 39

[52] BGHZ 90, 370, 376 ff; in diesem Sinne auch BGH NJW 1985, 2719; WM 1986, 131; Scholz/*K. Schmidt*, GmbHG, §§ 32a, 32b, Rn. 35; *ders.*, Gesellschaftsrecht, S. 959; *Lutter/Hom-*

Hauptkriterium für die eigenkapitalersetzende Funktion von Gesellschafterleistungen ist nach Rechtsprechung und Literatur die Kreditunwürdigkeit der Gesellschaft zum Zeitpunkt der kapitalersetzenden Leistung. Zu Anfang setzte der BGH dafür noch die Konkursreife der Gesellschaft wegen Überschuldung oder Zahlungsunfähigkeit voraus[53]. In neuerer Zeit hat sich in Rechtsprechung uind Literatur die Ansicht durchgesetzt, daß eine Gesellschaft kreditunwürdig ist, wenn sie im Zeitpunkt der Darlehensgewährung oder einer wirtschaftlich entsprechenden Handlung die zu ihrer Fortführung dringend benötigten Mittel von dritter Seite nicht zu marktüblichen Bedingungen hätte erhalten können[54]. Die Feststellung der Kreditunwürdigkeit ist anhand einzelner kredit- und anlaßbezogener Indizien unter Berücksichtigung der Gesamtumstände im konkreten Fall vorzunehmen. Relevante Indizien dafür sind die Bedingungen der Finanzierungsleistung wie Laufzeit und Verzinsung oder die Kopplung von Gläubiger- und Gesellschafterstellung[55].

In neuerer Zeit setzt sich zunehmend die Ansicht durch, daß unabhängig von der Kreditwürdigkeit der Gesellschaft die sog. Finanzplankredite der GmbH-rechtlichen Kapitalersatzhaftung unterliegen sollen. Hierbei handelt es sich um Darlehen, die die Gesellschafter zusätzlich zu ihrer Einlage der Gesellschaft zur Verfügung stellen und auf die die Gesellschaft nach ihrer Finanzplanung zur Erreichung des Unternehmenszwecks angewiesen ist[56]. Da es sich hierbei nicht um klassische eigenkapitalersetzende Gesellschafterleistungen handelt, sollen die Finanzplankredite an gesonderter Stelle dargestellt werden[57].

---

melhoff, GmbHG, §§ 32a/b, Rn. 18; Baumbach/*Hueck*, GmbHG, § 32 a, Rn. 43; Baumbach/*Hopt*, HGB, § 172a, Rn. 6; *Ulmer*, ZIP 1984, S. 1166; *Rümker/H. P. Westermann*, Kapitalersetzende Darlehen, S. 40; *Kamprad*, Gesellschafterdarlehen, S. 34. Die Begrüdnung zur GmbH-Novelle, BT-Drucks. 8/1347, S. 39 verweist für die Auslegung des Tatbestandsmerkmals „ordentliches Finanzierungsverhalten" ausdrücklich auf die Abgrenzungskriterien der Rechtsprechung.

[53] BGHZ 31, 258, 272; 67, 171, 175.

[54] BGHZ 76, 326, 330; 81, 252, 255; 81, 311, 317 f.; 81, 365, 367; 90, 381, 390; 109, 55, 62; ferner BGH WM 1972, 75; NJW 85, 2719; WM 1986, 1555; NJW 1993, 394; der Rechtsprechung zustimmend: Baumbach/*Hueck*, GmbHG, § 32 a, Rn. 43; *Lutter/Hommelhoff*, GmbHG, §§ 32a/b, Rn. 19; Hachenburg/*Ulmer*, GmbHG, §§ 32a,b, Rn. 46; *Grunewald*, Gesellschaftsrecht, S. 351; Scholz/*K. Schmidt*, GmbHG, §§ 32a, 32b, Rn. 35; *ders.*, ZGR 1980, S. 572; *Ulmer*, ZIP 1984, S. 1164.

[55] KG GmbHR 1990, 259; *Lutter/Hommelhoff*, GmbHG, §§ 32a/b, Rn. 21; Baumbach/*Hueck*, GmbHG, § 32a, Rn. 43; Scholz/*K. Schmidt*, GmbHG, §§ 32a, 32b, Rn. 37; *v. Gerkan*, GmbHR 1986, S. 220; vgl. dazu auch *Wiedemann*, Gesellschaftsrecht I, S. 570.

[56] *Lutter/Hommelhoff*, GmbHG, §§ 32a/b, Rn. 11; Scholz/*K. Schmidt*, GmbHG, §§ 32a, 32b, Rn. 38; Hachenburg/*Ulmer*, GmbHG, §§ 32a,b, Rn. 48.

[57] Vgl. dazu ausführlich S. 78.

e) Maßgebliche Zeitpunkte

Die die eigenkapitalersetzende Funktion begründenden Tatbestandsvoraussetzungen müssen zum Zeitpunkt der tatbestandsmäßigen Finanzierungshandlung vorliegen[58]. Tritt die dafür vorausgesetzte Krise der Gesellschaft erst nach Erbringung der Gesellschafterleistung ein, so wird sie nur dann eigenkapitalersetzend, wenn die Voraussetzungen im Zeitpunkt der Finanzierungsentscheidung über den Nichtabzug der Leistung erfüllt sind[59].

Nach den BGH-Regeln sind eigenkapitalersetzende Gesellschafterleistungen gesperrt, solange das Vermögen der Gesellschaft das Stammkapital nicht abdeckt. Ist die Unterbilanz überwunden, so ist die Rückzahlung erlaubt[60]. Für den Anwendungsbereich der Novellen-Regeln ist streitig, ob Gesellschafterleistungen nach § 32b GmbHG zurückverlangt werden können, wenn sich die Gesellschaft zwar zum Zeitpunnkt der Rückzahlung nicht in der Krise befand, jedoch innerhalb eines Jahres nach der Rückzahlung in Konkurs fällt. Nach der h.M. in Rechtsprechung und Literatur wird in diesem Fall der eigenkapitalersetzende Charakter einer Gesellschafterleistung zum Zeitpunkt der Rückzahlung gem. der Regelung in § 32b GmbHG unwiderleglich vermutet[61].

Auch wenn Finanzierungsleistungen der Gesellschafter an die Gesellschaft als eigenkapitalersetzend zu qualifizieren sind, bleiben aber Finanztransfers der Gesellschaft an Gesellschafter denkbar, die nicht als verbotene Rückzahlungen im Sinne des Kapitalersatzrechtes zu qualifizieren sind. So kann die Gesellschaft auch in der Krise noch Verträge abschließen und z.B. Kaufpreise oder Gehälter an die Gesellschafter bezahlen. Um eine verbotene Rückzahlung handelt es sich nur dann, wenn für die Zahlung an den Gesellschafter keine gleichwertige Gegenleistung erbracht wird. Für kapitalersetzende Darlehen, deren Rückzahlung grundsätzlich als Gegenleistung für ihre vorherige Gewährung zu betrachten ist, hat der ursprüngliche Darlehenscharakter der Leistung

---

[58] BGH BB 1987, 2391; OLG Hamburg, DB 1986, 1328; Baumbach/*Hueck*, GmbHG, § 32a, Rn. 50; Scholz/*K. Schmidt*, GmbHG, §§ 32a, 32b, Rn. 49 f.; *Rümker/H.P. Westermann*, Kapitalersetzende Darlehen, S. 39; *v. Gerkan/Hommelhoff*, Kapitalersatz, S. 81.

[59] BGH ZIP 1980, 279, 280; *v. Gerkan/Hommelhoff*, Kapitalersatz, S. 81; Baumbach/*Hueck*, GmbHG, § 32a, Rn. 51; Scholz/*K. Schmidt*, GmbHG, §§ 32a, 32b, Rn. 50; Hachenburg/*Ulmer*, GmbHG, §§ 32a,b, Rn. 57. Ebenso wohl auch *Lutter/Hommelhoff*, GmbHG, §§ 32a/b, Rn. 40.

[60] BGHZ 31, 258, 268, 272; 67, 171, 174; 81, 365, 367; 90, 370, 378; *Lutter/Hommelhoff*, GmbHG, §§ 32a/b, Rn. 69; *v. Gerkan/Hommelhoff*, Kapitalersatz, S. 101; *Rümker/H. P. Westermann*, Kapitalersetzende Darlehen, S. 55 f.

[61] BGHZ 90, 370, 380 f; OLG Karlsruhe ZIP 1989, 591; zustimmend *v. Gerkan/Hommelhoff*, Kapitalersatz, S. 101; *Lutter/Hommelhoff*, GmbHG, §§ 32a/b, Rn. 62. A.A. Scholz/*K. Schmidt*, GmbHG, §§ 32a, 32b, Rn. 50, der darin einen unnötigen Abgrenzungsversuch der Novellen-Regeln von den BGH-Regeln sieht. Nach seiner Ansicht kann die Rückzahlung eines nicht mehr kapitalersetzenden Kredites weder gegen § 31 noch gegen § 32b GmbHG verstoßen; zustimmend Baumbach/*Hueck*, GmbHG, § 32a, Rn, 51; in dieser Richtung wohl auch *Geßler*, ZIP 1981, S. 233.

jedoch außer Betracht zu bleiben, solange sie noch eigenkapitalersetzende Funktion haben. Die Leistung an den Gesellschafter stellt in diesem Fall eine einseitige und deshalb nach § 30 GmbHG analog verbotene Auszahlung lebensnotwendigen Kapitals dar[62].

3. Rechtsfolgen

a) BGH-Regeln

Eigenkapitalersetzende Gesellschafterleistungen werden wie das Stammkapital der GmbH an das Gesellschaftsvermögen gebunden. Die Rechsfolgen einer eigenkapitalersetzenden Kapitalüberlassung lehnen sich daher an die Kapitalerhaltungsvorschriften nach § 30, 31 GmbHG an.

aa) Rückzahlungsverbot nach § 30 GmbHG

Unabhängig von der Durchführung eines Insolvenzverfahrens dürfen eigenkapitalersetzende Gesellschafterleistungen nicht an den Darlehensgeber zurückerstattet werden, soweit und solange sie zur Abdeckung eines Stammkapitalverlustes oder einer darüber hinausgehenden Überschuldung von der Gesellschaft benötigt werden[63].

Neben der Darlehensrückzahlung sind auch die ihr wirtschaftlich entsprechenden Surrogate verboten, insbesondere die Aufrechnung und die einverständliche Verrechnung[64]. Eine unzulässige Schmälerung des Gesellschaftsvermögens hat die Rechtsprechung auch in der Stundung einer Forderung der Gesellschaft gegen einen ihrer Gesellschafter gesehen[65]. Hat der Gesellschafter für ein Darlehen der Gesellschaft eine eigenkapitalersetzende akzessorische Sicherheit bestellt, so fällt die im Wege des gesetzlichen Forderungsübergangs

---

[62] BGHZ 67, 171, 177.

[63] So die neuere Rechtsprechung und wohl h.M. in der Literatur, vgl. BGHZ 76, 326, 335; 81, 365, 367; 90, 370, 378; BGH NJW 1995, 658; Baumbach/*Hueck*, GmbHG, § 32a, Rn. 77; *Lutter/Hommelhoff*, GmbHG, §§ 32a/b, Rn. 5; Baumbach/*Hopt*, HGB, § 172a, Rn. 30; Scholz/*K. Schmidt*, GmbHG, §§ 32 a, 32 b, Rn. 77; *Rümker/H. P. Westermann*, Kapitalersetzende Darlehen, S. 50 f.; *v. Gerkan/Hommelhoff*, Kapitalersatz, S. 103; *Grunewald*, Gesellschaftsrecht, S. 355; *Kübler*, Gesellschaftsrecht, S. 236; *v. Gerkan*, GmbHR 1990, S. 388.

[64] BGHZ 90, 370, 374 f.; 95, 188, 191; ebenso *Lutter/Hommelhoff*, GmbHG, §§ 32 a/b, Rn. 70; Baumbach/*Hopt*, HGB, § 172a, Rn. 30; Baumbach/*Hueck*, GmbHG, § 32a, Rn. 77; Scholz/*K. Schmidt*, GmbHG, §§ 32 a, 32 b, Rn. 79; *v. Gerkan/Hommelhoff*, Kapitalersatz, S. 103; *Priester*, FS Döllerer, S. 483.

[65] BGHZ 81, 311, 320 f; Baumbach/*Hopt*, HGB, § 172a, Rn. 30.

erworbene Forderung des Gesellschafters gegen die Gesellschaft ebenfalls unter das Rückzahlungsverbot[66].

Nach Ansicht des BGH werden auch Zinszahlungen an die Gesellschafter von dem Rückzahlungsverbot erfaßt. Da ein Rückzahlungsanspruch wegen §§ 30 GmbHG nicht entstehe, könne der Gesellschafter weder Zinsen noch sonstige mit dem eigenkapitalersetzenden Gesellschafterdarlehen zusammenhängende Nebenforderungen geltend machen[67].

bb) Verbot der Sicherheitenverwertung

Hat die Gesellschaft dem kreditgewährenden Gesellschafter eine Sicherheit bestellt, so kann der Gesellschafter diese nicht verwerten, solange das Darlehen eigenkapitalersetzenden Charakter hat[68]. Das ergibt sich schon aus dem Umstand, daß dem Gläubiger kein Rückforderungsrecht zusteht, solange der Kredit Eigenkapital ersetzt[69]. Trotz des Verwertungsverbotes kann die Gesellschaft jedoch die Freigabe der Sicherheiten vom Gesellschafter erst dann verlangen, wenn endgültig feststeht, daß die Überschuldung, bzw. die Unterbilanz der Gesellschaft unter keinen Umständen mehr beseitigt werden wird und daher der Rückzahlungsanspruch des Gesellschafters auch endgültig nicht mehr entstehen kann[70].

cc) Rückerstattungspflicht nach § 31 GmbHG

Die empfangenen Leistungen sind analog § 31 Abs. 1 GmbHG vom Gesellschafter oder einem ihm wirtschftlich entsprechenden Dritten insoweit zu erstatten, als sie zur Beseitigung der Unterbilanz oder einer darüberhinausgehenden Überschuldung notwendig sind. Der Anspruch der Gesellschaft ist analog § 43 Abs. 1 GmbHG vom Geschäftsführer geltend zu machen[71]. Nach Ansicht

---

[66] BGHZ 67, 171, 182; 81, 252, 258 f.; WM 1986, S. 449; zustimmend *Rümker/H. P. Westermann*, Kapitalersetzende Darlehen, S. 61; Baumbach/*Hueck*, GmbHG, § 32a, Rn. 77.

[67] BGHZ 67, 171, 179f.; 75, 334, 339; 109, 55, 66; DB 1993, S. 1162f.; *Lutter/Hommelhoff*, GmbHG, §§ 32 a/b, Rn. 70; Scholz/*K. Schmidt*, GmbHG, §§ 32a/32b, Rn. 77; Hachenburg/*Ulmer*, GmbHG, §§ 32 a/b, Rn. 167; Für die Zulässigkeit von Zinszahlungen auf kapitalersetzende Darlehen, wenn dies nicht zum Entstehen einer Unterbilanz führt *Rümker/H. P. Westermann*, Kapitalersetzende Darlehen, S. 53 f.

[68] BGHZ 75, 334, 339; 81, 252, 262 f.; 81, 311, 318. Ebenso *v. Gerkan/Hommelhoff*, Kapitalersatz, S. 105; Baumbach/*Hueck*, GmbHG, § 32a, Rn. 77; *Lutter/Hommelhoff*, GmbHG, §§ 32a/b, Rn. 73.

[69] BGH WM 1981, 873.

[70] *Lutter/Hommelhoff*, GmbHG, §§ 32 a/b, Rn. 73.

[71] *Lutter/Hommelhoff*, GmbHG, §§ 32 a/b, Rn. 71; Baumbach/*Hueck*, GmbHG, § 32a, Rn. 78; Scholz/*K. Schmidt*, GmbHG, §§ 32a, 32b, Rn. 81; *v. Gerkan/Hommelhoff*, Kapitalersatz, S. 105.

des BGH haften die Mitgesellschafter auch bei eigenkapitalersetzenden Gesellschafterdarlehen für die Erfüllung der Rückerstattungspflicht nach § 31 Abs. 3 GmbHG analog solidarisch[72].

Wurde die Darlehensrückzahlung auf Veranlassung des Gesellschafters an einen ihm nahestehenden Dritten bewirkt, so haften der Leistungsempfänger und der Gesellschafter gesamtschuldnerisch[73]. Hat ein den Gesellschaftern gleichgestellter Dritter der Gesellschaft das kapitalersetzende Darlehen gewährt und ist es an diesen zurückbezahlt worden, so ist allein der Dritte zur Rückerstattung verpflichtet. Neben dem Empfänger haften die Gesellschafter aber nach § 31 Abs. 3 GmbHG im Rahmen ihrer Ausfallhaftung, die sich aus ihrer Einstandspflicht für die Kapitalerhaltung gem. § 30 Abs. 1 GmbHG ergibt, solidarisch[74].

Zu erstatten sind neben den Darlehensrückzahlungen auch Erlöse, die durch die verbotswidrige Verwertung von Sicherheiten erzielt wurden, die die Gesellschaft zur Absicherung von eigenkapitalersetzenden Krediten bestellt hat[75]. Wurde dem Gesellschafter Regreß für die Inanspruchnahme einer eigenkapitalersetzenden Bürgschaftsverpflichtung gewährt, so ist dieser nach § 31 Abs. 1 GmbHG analog zurückzuzahlen[76]. Desgleichen hat er den Betrag der eigenkapitalersetzenden Bürgschaft zu erstatten, wenn die Gesellschaft den verbürgten Kredit zurückzahlt und der Gesellschafter dadurch von seiner Verpflichtung frei wird[77].

Der Rückerstattungsanspruch nach den BGH-Regeln zu den eigenkapitalersetzenden Gesellschafterdarlehen verjährt gem. § 31 Abs. 5 GmbHG analog 5 Jahre nach Empfang der unzulässigen Leistung.

---

[72] BGH NJW 1990, 1730; ebenso Baumbach/*Hopt*, HGB, § 172a, Rn. 31; *Lutter/Hommelhoff*, GmbHG, § 32a/b, Rn. 71; *v. Gerkan/Hommelhoff*, Kapitalersatz, S. 107; Scholz/*K.Schmidt*, GmbHG, §§ 32a, 32b, Rn. 83; *ders.*, DB 1992, S. 1917; gegen eine solidarische Haftung unter Berufung auf BGHZ 60, 324. *Oppenhoff*, FS Stiefel, S. 551 ff.

[73] BGHZ 31,258, 265; 75, 334, 335; 81, 365, 368; *Lutter/Hommelhoff*, GmbHG, §§ 32 a/b, Rn. 72; *v. Gerkan/Hommelhoff*, Kapitalersatz, S. 106; Im Ergebnis so wohl auch *Rümker/H. P. Westermann*, Kapitalersetzende Darlehen, S. 66; Scholz/*K. Schmidt*, GmbHG, §§ 32a, 32b, Rn. 83.

[74] Hachenburg/*Ulmer*, GmbHG, § 32 a, b, Rn. 173; *Lutter/Hommelhoff*, GmbHG, §§ 32 a/b, Rn. 72; einschränkend Scholz/*K.Schmidt*, GmbHG, §§ 32a, 32b, Rn. 83.

[75] *Lutter/Hommelhoff*, GmbHG, §§ 32a/b, Rn. 73.

[76] BGHZ 67, 171, 180 ff.; 81, 252, 260. Ebenso *v. Gerkan/Hommelhoff*, Kapitalersatz, S. 173 f.

[77] BGHZ 81, 252, 260 f.; BGH NJW 1985, 858; NJW 1986, 429; NJW 1990, 1731. ebenso *Rümker/H. P. Westermann*, Kapitalersetzende Darlehen, S. 63, Scholz/*K. Schmidt*, GmbHG, §§ 32a, 32b, Rn. 118; Baumbach/*Hueck*, GmbHG, § 32a, Rn. 78.

dd) Rechtsfolgen der eigenkapitalersetzenden Gebrauchsüberlassung

Die vom BGH entwickelten Rechtsfolgen passen wegen der unterschiedlichen dinglichen Zuordnung von Darlehen und dem Gegenstand der Gebrauchsüberlassung nur beschränkt für die Fälle der eigenkapitalersetzenden Gebrauchsüberlassung[78]. Das erkannte der BGH schon in der ersten Entscheidung zu diesem Problemkreis, in der er allerdings über die Substanzzuordnung des dort vermieteten Grundstücks nicht zu entscheiden hatte, da sich die Parteien nur um den Mietzins stritten. Die Anwendung der Kapitalersatzregeln auf eigenkapitalersetzende Nutzungsüberlassungen könne nicht daran scheitern, daß trotz wirtschaftlicher Vergleichbarkeit der Tatbestände die gesetzlichen Rechtsfolgen nicht paßten. Geeignete Rechtsfolgen seien dann im Wege der Rechtsfortbildung zu entwickeln[79]. Bis zuletzt hat sich die Rechtsprechung dabei eng an den Rechtsfolgen der BGH-, bzw. Novellen- Regeln orientiert und jede Zahlung des Miet- oder Pachtzinses verboten, die nur aus dem zur Deckung des Stammkapitals erforderlichen Vermögen erfolgen konnte[80]. In neuerer Zeit hat der BGH betont, daß das Eigentum an den der Gesellschaft zur Nutzung überlassenen Gegenständen im Zeitpunkt, von dem an die Eigenkapitalersatzregeln anwendbar seien, nicht auf die Gesellschaft übergehe[81].

Die Rechtsfolgen einer eigenkapitalersetzenden Gebrauchsüberlassung sind Gegenstand ausgiebiger Diskussionen im Schriftum. Vereinzelt wird sogar der Übergang des Verwertungsrechtes an dem Gegenstand auf die Gesellschaft, bzw. den Konkursverwalter gefordert[82]. Eine sachgerechte Lösung hat jedoch die dingliche Zurordnung des überlassenen Gebrauchsgegenstandes zu berücksichtigen. Es erscheint daher die Auffassung vorzugswürdig, das Nutzungsrecht als solches an das Gesellschaftsvermögen zu binden und es im Insolvenzfall durch Weitervermietung oder Verpachtung zu verwerten. Die Bindung des Nutzungsrechts darf aber zeitlich nicht unbegrenzt sein, sondern hat sich an der vertraglich vereinbarten Laufzeit der Nutzungsüberlassung einerseits und dem Gedanken der gesellschafterlichen Finanzierungsverantwortung andererseits zu

---

[78] So schon BGHZ 109, 55, 59; ebenso *Knobbe-Keuk*, BB 1984, S. 1, 3; Scholz/*K. Schmidt*, GmbHG, §§ 32a, 32b, Rn. 117; *Hommelhoff/Kleindiek*, FS 100 Jahre GmbHG, S. 435.

[79] BGHZ 109, 55, 59 im Anschluß an *Ulmer*, ZIP 1984, S. 1163, 1172.

[80] BGHZ 109, 55, 66; BGH NJW 1993, 392, 395; NJW 1993, 2350. Zustimmend *Lutter/Hommelhoff*, GmbHG, §§ 32a/b, Rn. 104; Scholz/*K. Schmidt*, GmbHG, §§ 32a, 32b, Rn. 117; *Grunewald*, Gesellschaftsrecht, S. 354; *Knobbe-Keuk*, FS Kellermann, S. 240 f.; *Ulmer*, FS Kellermann, S. 498; *Hommelhoff/Kleindiek*, FS 100 Jahre GmbHG, S. 434; *Brandes*, ZGR 1989, S. 251.

[81] BGHZ 121, 31, 45; BGH NJW 1994, 2351.

[82] So *Lutter/Hommelhoff*, ZGR 1979, S. 52; *Braun*, ZIP 1983, S. 1181; *Schulze-Osterloh*, ZGR 1983, S. 142; *Wiedemann*, ZIP 1986, S. 1300; i.E. ähnlich *Drygala*, BB 1992, S. 81; vgl. dazu im übrigen *Oppenländer*, DStR 1993, S. 1523; *Knobbe-Keuk*, BB 1984, S. 1; *Kallmeyer*, GmbHR 1994, S. 290.

orientieren[83]. Die Problematik kann jedoch an dieser Stelle nicht erschöpfend behandelt werden und muß Gegenstand weiterer Überlegungen bleiben.

b) Novellen-Regeln

Neben die weiterhin anwendbaren Rechtsfolgen der BGH-Regeln treten nach Eröffnung des Vergleichs- oder Konkursverfahrens die Rechtsfolgen der Novellen-Regeln. Ihr Anwendungsbereich bleibt angesichts der Parallelgeltung der BGH-Regeln jedoch gering. Entsteht ein Rückzahlungsanspruch nach § 30 Abs. 1 GmbHG überhaupt nicht, so kann es auf seinen Ausschluß im Insolvenzverfahren gar nicht ankommen. Selbständige Bedeutung erhält § 32a Abs.1 GmbHG nur dann, wenn durch Konkursanfechtung nach § 32a KO oder durch Anfechtung nach § 3b AnfG außerhalb des Konkurses das Aktivvermögen der Gesellschaft wieder über die Stammkapitalziffer anwächst[84].

aa) § 32a Abs. 1 GmbHG

Hat das Gesellschafterdarlehen eigenkapitalersetzenden Charakter, so kann der Gesellschafter nach § 32a Abs. 1 GmbHG den Rückzahlungsanspruch weder im Vergleichs-, noch im Konkursverfahren geltend machen. Auf die Darlehensforderung kann auch kein Konkursantrag gestützt werden[85]. Nach Eröffnung des Konkurs-, bzw. Vergleichsverfahrens ist die Aufrechnung des Rückzahlungsanspruchs mit einer der Gesellschaft gegen den Gesellschafter-Gläubiger zustehenden Forderung ausgeschlossen[86]. Den Gesellschaftern steht zu ihrer Befriedigung nur ein u.U. erzielter Liquidationsüberschuss zur Verfügung[87].

Vor Eröffnung des Konkurs-, bzw. Vergleichsverfahrens kann der Gesellschafter in den von §§ 30, 31 GmbHG analog gezogenen Grenzen sowohl Til-

---

[83] So überzeugend *Hommelhoff/Kleindiek*, FS 100 Jahre GmbHG, S. 435 f.; ähnlich auch Scholz/*K. Schmidt*, GmbHG, §§ 32a, 32b, Rn. 117. Im Ergebnis so wohl auch *Ulmer*, FS Kellermann, S. 501; *Knobbe-Keuk*, FS Kellermann, S. 240 f.; in diesem Sinne jetzt wohl auch der BGH, vgl. NJW 1994, 2349.

[84] Vgl. dazu *Kübler*, Gesellschaftsrecht, § 17 VI 2c; Scholz/*K. Schmidt*, GmbHG, §§ 32a, 32b, Rn. 76.

[85] LG München ZIP 1983, S. 66; LG Dortmund ZIP 1986, S. 857; ebenso Scholz/*K. Schmidt*, GmbHG, §§ 32a, 32b, Rn. 54; *Kuhn/Uhlenbruck*, KO, § 103, Rn. 33.

[86] BGH BB 1995, 377; Scholz/*K. Schmidt*, GmbHG, §§ 32a, 32b, Rn. 55; *Lutter/Hommelhoff*, GmbHG, §§ 32a/b, Rn. 67; Baumbach/*Hueck*, GmbHG, § 32a, 56; *Kuhn/Uhlenbruck*, KO, § 32a, Rn. 12; *Kamprad*, Gesellschafterdarlehen, S. 36; *Gersch/Herget/Marsch/Stützle*, Die GmbH-Reform, Rn. 253; *Rümker/H. P. Westermann*, Kapitalersetzende Darlehen, S. 70.

[87] *Rowedder*, GmbHG, § 32a, Rn. 1a.

gung verlangen, als auch die Aufrechnung wirksam erklären. In diesem Fall bleiben aber nach Konkurseröffnung Gläubiger- und Konkursanfechtung gem. § 3b AnfG und § 32a KO möglich[88].

Durch den Ausschluß der Gesellschafterforderung vom Konkursverfahren soll dem Gesellschafter jedoch kein Vorteil entstehen. Um zu verhindern, daß seine Forderung nach Abschluß des Insolvenzverfahrens in voller Höhe bestehen bleibt, schreibt § 32a Abs. 1 Satz 2 vor, daß ein Zwangsvergleich oder ein im Vergleichsverfahren von den Parteien geschlossener Vergleich auch für und gegen die Forderung des Gesellschafters wirkt[89].

bb) § 32a Abs. 2 GmbHG

Eigenkapitalersetzende Darlehen Dritter, die gegen Bestellung einer Sicherheit oder der Verbürgung durch einen Gesellschafter gewährt worden sind, können gem. § 32 a Abs. 2 GmbHG nur in der Höhe im Vergleichs- oder Konkursverfahren geltend gemacht werden, in der der Gläubiger bei Inanspruchnahme der Sicherung oder der Bürgschaft ausgefallen ist. Wegen der fehlenden Finanzierungsverantwortung des Gläubigers ist die eigentliche eigenkapitalersetzende Handlung in der Bestellung einer Sicherheit durch den Gesellschafter zu sehen. Die Vorschrift soll daher sicherstellen, daß den Gesellschafter das gleiche Risiko trifft, das ihn bei der direkten Gewährung eines eigenkapitalersetzenden Darlehens treffen würde[90]. Durch den Verweis des Gläubigers auf die vorrangige Befriedigung durch Verwertung der Gesellschaftersicherheit wird gewährleistet, daß die gesellschafterbesicherte Forderung in Höhe des Wertes der Sicherheit nicht mit normalen Forderungen im Konkursverfahren konkurriert[91]. Nach Inanspruchnahme durch den Sicherungsnehmer steht dem Gesellschafter ein Regressanspruch wegen der Gläubigerbefriedigung gegen die Gesellschaft erst im Liquidationsverfahren zu[92].

---

[88] Vgl. dazu im einzelnen S. 66 f.

[89] Vgl. dazu die Begr. des RegE 77, BT-Drucks. 8/1347, S. 40; ebenso *Rowedder*, GmbHG, § 32a, Rn. 49; Scholz/*K. Schmidt*, GmbHG, §§ 32a, 32b, Rn. 61; Baumbach/*Hueck*, GmbHG, 3 32a, Rn. 57; Hachenburg/*Ulmer*, GmbHG, §§ 32a,b, Rn. 68, 72.

[90] So auch Scholz/*K. Schmidt*, GmbHG, §§ 32a, 32b, Rn. 125.

[91] *Roth*, GmbHG, § 32a, Anm. 4.2; Scholz/*K. Schmidt*, GmbHG, §§ 32a, 32b, Rn. 125; *Grunewald*, Gesellschaftsrecht, S. 354; *Kamprad*, Gesellschafterdarlehen, S. 38 f.; *v. Gerkan/Hommelhoff*, Kapitalersatz, S. 167.

[92] Schlegelberger/*K. Schmidt*, HGB, § 172a, Rn. 41; *ders.*, ZIP 1981, S. 693; *Lutter/Hommelhoff*, GmbHG, §§ 32a/b, Rn. 85; Baumbach/*Hueck*, GmbHG, § 32a, Rn. 68; Baumbach/*Hopt*, HGB, § 172a, Rn. 9.

cc) § 32b GmbHG

§ 32b GmbHG gibt der Gesellschaft einen Erstattungsanspruch gegen den Gesellschafter, der für die Finanzierungsleistung eines Dritten eine kapitalersetzende Sicherheit gestellt hat, wenn das Darlehen oder die einem solchen i.S.v.§ 32a Abs. 3 GmbHG entsprechende Leistung im letzten Jahr vor Konkurseröffnung zurückgezahlt worden ist. Die Höhe des Erstattungsanspruchs ist durch den Wert der Sicherheit zum Zeitpunkt der Rückzahlung begrenzt[93]. Nach § 32b Satz 3 GmbHG kann sich der Gesellschafter auch dadurch von seiner Haftung befreien, daß er den Sicherungsgegenstand der Gesellschaft zur Verwertung überläßt.

dd) §§ 32a KO, 3b AnfG

Nach § 32a KO sind solche Rechtshandlungen, die vor Eröffnung des Konkursverfahrens über das Gesellschaftsvermögen vorgenommen wurden, anfechtbar, die dem Gläubiger eines eigenkapitalersetzenden Gesellschafterdarlehens i.S.v. §§ 32 a/b GmbHG eine Sicherung gewähren. Darüberhinaus sind Rechtshandlungen anfechtbar, mit denen dem Gläubiger eines solchen Darlehens im Jahr vor Eröffnung des Konkursverfahrens Befriedigung gewährt worden ist. Unter Befriedigung sind in diesem Zusammenhang alle Rechtshandlungen mit Tilgungswirkung zu verstehen, durch die dem Darlehensgeber Werte zugewendet werden[94]. Das Anfechtungsrecht steht ausschließlich dem Konkursverwalter zu und erfolgt nach den Konkursanfechtungsregeln der §§ 29 ff. KO[95]. Der Begriff der Rechtshandlung ist weit auszulegen. Von ihm erfaßt wird jedes vermögenswirksame Handeln oder Unterlassen, das die Gläubiger benachteiligt[96].

Nach § 37 Abs. 1 KO muß zur Konkursmasse zurückgewährt werden, was durch eine anfechtbare Handlung aus dem Vermögen des Gemeinschuldners veräußert, weggegeben oder aufgegeben worden ist.

Außerhalb des Insolvenzverfahrens gibt § 3b AnfG, der ebenfalls im Rahmen der GmbH-Novelle eingeführt wurde, dem Gläubiger das Recht zur An-

---

[93] BGH ZIP 1990, 643, ebenso Scholz/*K. Schmidt*, GmbHG, §§ 32a, 32b, Rn. 155; Lutter/*Hommelhoff*, GmbHG, §§ 32a/b, Rn. 92; Baumbach/*Hueck*, GmbHG, § 32b, Rn. 4; *Rowedder*, GmbHG, § 32b, Rn. 8.

[94] Scholz/*K. Schmidt*, GmbHG, §§ 32a, 32b, Rn. 70; ähnlich auch Hachenburg/*Ulmer*, GmbHG, §§ 32a, b, Rn. 79; Kuhn/*Uhlenbruck*, KO, § 32a, Rn. 20; Jaeger/*Henckel*, KO, § 2a, Rn. 79.

[95] Baumbach/*Hueck*, GmbHG, § 32a, Rn. 61.

[96] In diesem Sinne wohl auch BGH WM 1975, 1184; BGHZ 105, 168, 187; OLG Hamburg GmbHR 1988, 147; Scholz/*K. Schmidt*, GmbHG, §§ 32a, 32b, Rn. 69; Kuhn/*Uhlenbruck*, KO, § 32a, Rn. 19; Jaeger/*Henckel*, KO, § 32a, Rn. 84.

fechtung von Rechtshandlungen, mit denen eigenkapitalersetzende Gesellschafterdarlehen besichert worden sind. Die Befriedigung der eigenkapitalersetzenden Forderungen kann der Gläubiger anfechten, wenn sie innerhalb eines Jahres vor der Anfechtung vorgenommen wurden. Entsprechend der konkursrechtlichen Regelung steht den Gläubigern nach § 7 Abs. 1 AnfG ein Anspruch auf Rückgewähr des durch eine anfechtbare Handlung Erlangten an die Gesellschaft zu.

Konkurs- und Gläubigeranfechtungsrecht bestehen auch dann, wenn das gesicherte Darlehen oder die ihm wirtschaftlich entsprechende Leistung erst durch Stehenlassen kapitalersetzend geworden ist[97].

4. Anwendbarkeit auf die GmbH & Co. KG

Nach § 172a HGB sind die §§ 32a, 32b GmbHG entsprechend auf Kommanditgesellschaften anwendbar, bei denen kein persönlich haftender Gesellschafter eine natürliche Person ist. Die Regelung betrifft in erster Linie die weit verbreitete GmbH & Co. KG. Nach herrschender Meinung ist die Beschränkung des Verweises in § 172a HGB auf die §§ 32a, 32b als Redaktionsversehen zu bewerten, so daß jedenfalls auch die §§ 32a KO und 3b AnfG auf Kommanditgesellschaften ohne natürliche Person als Komplementär anwendbar sind[98].

Umstritten war lange, ob und in welchen Umfang die GmbH-rechtlichen Kapitalerhaltungsregeln nach §§ 30, 31 GmbHG auch für die GmbH & Co. KG gelten. Der BGH hat die Haftung zunächst für den Fall bejaht, daß der die Rückzahlung empfangende Kommanditist zugleich Gesellschafter der Komplementär-GmbH ist. Das Vermögen einer Komplementär-GmbH bestehe nicht selten ausschließlich in ihrer Kapitalbeteiligung an der Kommanditgesellschaft. Liege eine solche Konstruktion vor, so verminderten Auszahlungen der Kommanditgesellschaft das zur Erhaltung des Stammkapitals der GmbH erforderliche Vermögen[99]. Bei Rückzahlungen an einen Nur-Kommanditisten, der nicht gleichzeitig Gesellschafter der Komplementär-GmbH ist, hat die früher herr-

---

[97] BGH WM 1988, 1525, 1531; *Rowedder*, GmbHG, § 32a, Rn. 47; Scholz/*K. Schmidt*, GmbHG, §§ 32a, 32b, Rn. 73; Jaeger/*Henckel*, KO, § 32a, Rn. 85; *Rümker/H. P. Westermann*, Kapitalersetzende Darlehen, S. 75.

[98] Scholz/*K. Schmidt*. GmbHG, §§ 32a, 32b, Rn. 167; *ders.*, in Schlegelberger, HGB, § 129a, Rn. 5; Hachenburg/*Ulmer*, GmbHG, §§ 32a, b, Rn. 192; *ders.*, in: Das neue GmbH-Recht, S. 70; *Roth*, GmbHG, § 32a, Anm. 7; Hesselmann/*Tillmann*, Handbuch der GmbH & Co., Rn. 543 (Fn. 99); a.A. *Deutler*, in: Das neue GmbH-Recht, S. 77.

[99] BGHZ 60, 324, 328 f.; 67, 171, 174; 69, 274, 279; auch in BGHZ 76, 326 war der beklagte Kommanditist zugleich Gesellschafter der Komplementär-GmbH. Vgl. auch *Lutter/Hommelhoff*, GmbHG, § 30, Rn. 42; Scholz/*K. Schmidt*, GmbHG, §§ 32a, 32b, Rn. 166; Baumbach/*Hopt*, HGB, § 172a, Rn. 33; *Canaris*, FS Fischer, S. 60 f.; *Winkler*, NJW 1969, S. 1010 f.

schende Meinung die Anwendung der §§ 30, 31 GmbHG abgelehnt[100]. Wie am Beispiel der Publikumsgesellschaften besonders deutlich werde, sei grundsätzlich davon auszugehen, daß ein Nur-Kommanditist nicht auch für die Finanzierung der Komplementär-GmbH verantwortlich sei[101].

Mit seinem Urteil vom 19.2.1990 hat der BGH sich für die entsprechende Anwendung der §§ 30, 31 GmbHG auf Auszahlungen an den Kommanditisten, der nicht zugleich Gesellschafter der Komplementär-GmbH, entschieden[102]. Er begründet seine Auffassung mit der unterschiedlichen Haftungsverfassung von GmbH & Co. KG und Normal-KG. Bei der Normal-KG werde das Fehlen eines garantierten Gesellschaftsvermögens und die beschränkte Haftung der Kommanditisten durch die unbeschränkte persönliche Haftung des Komplementärs ausgeglichen. Diese unbeschränkte Haftung des Komplementärs soll ihn als regelmäßigen Geschäftsführer zu einer wirtschaftlich vernünftigen Unternehmensführung anhalten. Die Bremsfunktion der unbeschränkten Haftung fehle dagegen bei der GmbH & Co. KG. Zwar hafte de jure auch bei dieser Konstruktion der Komplementär summenmäßig unbeschränkt, da es sich jedoch um eine Kapitalgesellschaft handele, sei deren Haftung de facto auf das Gesellschaftsvermögen beschränkt. Da damit Auszahlungen an die Kommanditisten wie bei der GmbH zu Lasten eines begrenzten Haftungsfonds gingen, sei es sachgerecht, auf solche Auszahlungen die Kapitalerhaltungsvorschriften des GmbH-Rechts entsprechend anzuwenden.

Die Literatur ist dem Bundesgerichtshof überwiegend zustimmend gefolgt[103]. Teilweise wird jedoch gefordert, in Konsequenz des Urteils anzuerkennen, daß es sich bei der analogen Anwendung der §§ 30, 31 GmbHG auf Auszahlungen an Nur-Kommanditisten nicht um Kapitalschutz der Komplementär-GmbH handele, sondern um einen eigenen Kapitalschutz der GmbH & Co. Kommanditgesellschaft[104]. Würde man das Auszahlungsverbot nach §§ 30, 31 nicht auf Auszahlungen der GmbH & Co. KG an Nur-Kommanditisten anwenden, bestünde darüberhinaus die Gefahr, daß die Geschäftsführer zu Auszahlungen aus dem GmbH-Vermögen an die Kommanditisten gezwungen

---

[100] *Schilling* in Großkomm. HGB, § 172a, Rn. 19; OLG Hamburg GmbHR 1983, 72; DB 1986, 1329.

[101] OLG Hamburg GmbHR 1983, 72; DB 1986, 1330; zum Standpunkt der früher h.M. vgl. auch Scholz/*H. P. Westermann*, GmbHG, § 30, Rn. 40; *Rowedder*, GmbHG, § 30, Rn. 29; *Canaris*, FS Fischer, S. 61 f.; *K. Schmidt*, DB 1973, S. 2230; ders., GmbHR 1984, S. 281.

[102] BGHZ 110, 342; dem BGH folgend OLG Stuttgart NJW-RR 1994, 1123 f; vgl. dazu *K. Schmidt*, Gesellschaftsrecht, S. 1386 f.; Hesselmann/*Tillmann*, Handbuch der GmbHG & Co., Rn. 544; *Groß*, BB 1991, S. 2389.

[103] *Schmid*, Münchener Handbuch des Gesellschaftsrechts Band 2, KG § 54, Rn. 57; *Lutter/Hommelhoff*, GmbHG, § 30, Rn. 44; Baumbach/*Hopt*, HGB, § 172a, Rn. 33; *K. Schmidt*, Gesellschaftsrecht, S. 1387; *ders.*, in Scholz, GmbHG, §§ 32a,32b, Rn. 166; Hesselmann/*Tillmann*, Handbuch der GmbH & Co., Rn. 544; *Hunscha*, GmbHR 1973, S. 260 f; einschränkend *Grunewald*, Gesellschaftsrecht, S. 146.

[104] *K. Schmidt*, Gesellschaftsrecht, S. 1387.

würden, für die den Gläubigern wegen der Beschränkung der Kommanditistenhaftung über § 172 Abs. 4 HGB kein hinreichender Ausgleich gewährt würde[105].

Für die GmbH & Co. KG stellt sich die Frage, ob auch Darlehen an die KG eigenkapitalersetzende Gesellschafterdarlehen sein können. Dies wurde von der Rechtsprechung bejaht. Nach § 128 HGB hafte die Komplementär-GmbH unbeschränkt für die Verbindlichkeiten der Kommanditgesellschaft. Übersteige der dafür anzusetzende Passivposten in der Bilanz das Aktivvermögen der GmbH, so brächte die Zahlungsunfähigkeit der KG automatisch auch die GmbH in eine Lage, die sie nach §§ 63, 64 GmbHG zur Konkursanmeldung verpflichte[106]. Gesellschafterdarlehen, die Zahlungsschwierigkeiten der Kommanditgesellschaften zu überwinden versuchten, seien daher wegen ihrer mittelbaren Auswirkungen auf die GmbH und der daraus resultierenden wirtschaftlichen Gleichartigkeit wie Darlehen direkt an die GmbH zu behandeln[107].

5. Anwendbarkeit auf Aktiengesellschaften

Das System der Kapitalersatzhaftung wurde von der Rechtsprechung entwickelt an der GmbH und der GmbH & Co. KG. Bei anderen Gesellschaftsformen war die Problematik zunächst nicht aufgetreten und man betrachtete daher das Problem des Eigenkapitalersatzes als Problem der GmbH, bzw. der GmbH & Co. KG. Mit der Anwendung der Rechtsprechungsgrundsätze zu den eigenkapitalersetzenden Gesellschafterdarlehen auf die Aktiengesellschaft im BuM-Urteil[108] hat der BGH erstmals festgestellt, daß sich aus der Beschränkung der Novellen-Regelungen auf die GmbH und Personengesellschaften ohne vollhaftende natürliche Person nicht der Wille des Gesetzgebers erkennen ließe, die Anwendung entsprechender Rechtsgrundsätze auch auf andere Rechtsformen im Wege der Rechtsfortbildung auszuschließen[109]. Dabei betont das Gericht, daß bei einer entsprechenden Anwendung dieser Grundsätze stets die besonderen Strukturmerkmale der unterschiedlichen Gesellschaftsformen zu berücksichtigen seien. Grundsätzlich könne der Zweck der Ersatzkapitalregeln, ein Unterlaufen der Kapitalerhaltungsregeln durch die Hergabe von Dar-

---

[105] *Lutter/Hommelhoff*, GmbHG, § 30, Rn. 44 unter Berufung auf BGHZ 60, 324, aufbauend auf der wohl h.L., nach der die Kommanditistenhaftung beschränkt ist auf die im Handelsregister eingetragene Haftsumme.

[106] BGHZ 67, 171, 175.

[107] BGHZ 67, 171, 176.

[108] BGHZ 90, 381.

[109] BGHZ 90, 381, 385. Vgl. dazu die zustimmenden Stellungnahmen in der Literatur *Grunewald*, Gesellschaftsrecht, S. 286; *Fleck*, FS Werner, S. 115 ff.; *Wiedemann*, ZIP 1986, S. 1293; *Ulmer*, ZIP 1984, S. 1164 ff.; *v. Gerkan*, Kapitalersetzende Darlehen im Konkurs der GmbH, S. 3; Scholz/*K. Schmidt*, GmbHG, §§ 32a, 32b, Rn. 21.

lehen anstelle fehlenden Eigenkapitals zu verhindern, aber auch bei der Aktiengesellschaft Bedeutung erlangen[110].

Die Voraussetzungen, bei deren Vorliegen Aktionärsdarlehen wie haftendes Eigenkapital zu behandeln sind, müssen sich nach Ansicht des BGH an den Überlegungen orientieren, nach denen die Rechtsprechung bei der GmbH die Umqualifizierung von formellem Fremdkapital in materielles Eigenkapital vornimmt. Der Kern dieser Überlegungen sei die Verantwortung des Gesellschafters für eine ordnungsmäßige Unternehmensfinanzierung, die ihn in der Krise zwar nicht positiv verpflichte, fehlendes Kapital aus seinem Vermögen nachzuschießen, der er sich aber nicht in der Weise zum Nachteil der Gläubiger entziehen könne, daß er bei einer tatsächlich beabsichtigten Finanzhilfe, anstatt sie durch die objektiv gebotene Einbringung haftenden Kapitals zu leisten, auf eine andere, ihm weniger riskant erscheinende Finanzierungsform ausweiche[111].

Wegen der im Vergleich zum GmbH-Gesellschafter grundsätzlich völlig anderen Stellung des Aktionärs in der Aktiengesellschaft stelle eine rechtsformorientierte Betrachtungsweise wesentlich höhere Anforderungen an die Eigenkapitalqualifizierung von Aktionärsdarlehen. Voraussetzung sei eine durch die Beteiligung vermittelte Unternehmerstellung, die eine Mitverantwortlichkeit für die seriöse Finanzierung der Gesellschaft begründen könne. Eine solche Unternehmerstellung ergibt sich nach Auffassung des BGH regelmäßig aus einer Beteiligung von 25% am Aktienkapital, die dem Inhaber ein entscheidendes Mitspracherecht in den für die Gesellschaft besonders wichtigen Angelegenheiten gibt. Aber auch bei einer geringeren Beteiligung kann eine haftungsbegründende Unternehmerstellung vorliegen, wenn dem Aktionär durch sonstige Vereinbarungen Einfluß auf die Unternehmensleitung gesichert ist und dadurch ein unternehmerisches Interesse des Gesellschafters zum Ausdruck kommt[112]. Aktionärsdarlehen können demnach nur dann eigenkapitalersetzend sein, wenn der das Darlehen gewährende Gesellschafter eine dem GmbH-Gesellschafter entsprechende Unternehmerstellung innehat und dadurch in einem Maße auf die Geschicke der Gesellschaft Einfluß nehmen kann, die es rechtfertigt, ihm die Verantwortung für eine ordnungsgemäße Finanzierung der Gesellschaft aufzuerlegen.

---

[110] BGHZ 90, 381, 386 f.

[111] BGHZ 90, 381, 389, im Anschluß an *K. Schmidt*, Gutachten zum 54. Dt. Juristentag, 1982, D. 107 und ZHR 147 (1983), S. 178, sowie Hachenburg/*Ulmer*, GmbHG, 7.Aufl., Anh. § 30, Rn. 11.

[112] BGHZ 90, 381, 390 ff.

6. Finanzplankredite

Neben den typischerweise als Krisenfinanzierung gedachten eigenkapitalersetzenden Gesellschafterdarlehen werden als weitere selbständige Gruppe von haftungsbegründenden Finanzhilfen in Literatur und Rechtsprechung zunehmend die sog. Finanzplankredite anerkannt. Dabei handelt es sich um Kredite an Gesellschaften, deren Finanzplanung nach dem Gesellschaftsvertrag auf einer Kombination von Gesellschaftereinlagen und dringend benötigten Gesellschafterkrediten beruht[113]. Die Besonderheit dieser Finanzhilfen besteht darin, daß sie unabhängig von einer bestehenden Krise der Gesellschaft und auch nicht im Hinblick auf eine möglicherweise später erforderlich werdende Krisenfinanzierung gewährt werden[114]. Da für die eigenkapitalersetzende Qualifizierung von Gesellschafterleistungen nach Rechtsprechungs- und Novellenregeln die Krisenfinanzierung ein wesentliches Merkmal ist, werden Finanzplankredite häufig nicht als eigenkapitalersetzende, sondern als einlagengleiche Gesellschafterleistungen bezeichnet[115].

Wenig Beachtung findet in der Diskussion um die Finanzplankredite die Tatsache, daß dieses Institut vom BGH auf der Grundlage seiner Rechtsprechung zu den Publikumspersonengesellschaften mit gesplitteter Einlage entwickelt wurde[116]. Lehnt man mit der herrschenden Meinung die Anwendbarkeit der Kapitalersatzregeln auf Personengesellschaften ab, so überrascht, daß Finanzplankredite allgemein als Sonderfall eigenkapitalersetzender Gesellschafterleistungen betrachtet werden, die weitgehend den Rechtsfolgen der §§ 30 ff. GmbHG unterliegen sollen.

a) Tatbestandsvoraussetzungen

Bezugnehmend auf die vorangegangene Rechtsprechung zu den gesplitteten Einlagen bei Publikumspersonengesellschaften hat der BGH zwei wesentliche Voraussetzungen für die Qualifikation von Gesellschafterdarlehen als Finanzplankredite entwickelt. Die Darlehen müssen zum einen als echte gesellschafts-

---

[113] *K. Schmidt*, Gesellschaftsrecht, S. 960; *Lutter/Hommelhoff*, GmbHG, §§ 32a/b, Rn. 11; *v. Gerkan/Hommelhoff*, Kapitalersatz, S. 25; *Kleindiek/Hommelhoff*, FS 100 Jahre GmbHG, S. 439.

[114] BGHZ 104, 33, 38; OLG Hamburg ZIP 1986, 1118; ebenso Scholz/*K. Schmidt*, GmbHG, §§ 32a, 32b, Rn. 38; *ders.*, Gesellschaftsrecht, S. 960; *v. Gerkan/Hommelhoff*, Kapitalersatz, S. 25 f.; Hachenburg/*Ulmer*, GmbHG, §§ 32a, b, Rn. 48.

[115] Vgl. *v. Gerkan*, GmbHR 1990, S.385; *Lutter/Hommelhoff*, GmbHG, §§ 32a/b, Rn. 11; *Hommelhoff/Kleindiek*, FS 100 Jahre GmbHG, S. 439.

[116] In BGHZ 104, 33 erklärte der BGH die Grundsätze zur Umqualifizierung von formellem Fremdkapital in materielles Eigenkapital bei Publikumspersonengesellschaften mit gesplitteter Einlage auch Nicht-Publikumsgesellschaften für anwendbar. Vgl. dazu auch *Wiedemann*, FS Beusch, S. 902.

vertragliche Pflicht geschuldet sein. Diese Pflicht muß den Kreditgläubigern gerade in ihrer Eigenschaft als Gesellschafter auferlegt sein[117]. Zum anderen muß den Darlehen von den Gesellschaftern materielle Eigenkapitalfunktion zugewiesen sein. Dies sei der Fall, „wenn die Gesellschafter die Gesellschafterdarlehen im übrigen in der Sache wie Einlagen behandelt haben."[118] Um dies festzustellen, ist der Gesellschaftsvertrag als ganzes zu würdigen. Der BGH hat Indizien entwickelt, die innerhalb dieser Gesamtwürdigung ausschlaggebend sind. Danach sprechen für die materielle Eigenkapitalfunktion der Gesellschafterdarlehen besonders günstige Kreditkonditionen, die vertragliche Pflicht zur langfristigen Belassung der Mittel in der Gesellschaft, das Fehlen einseitiger Kündigungsmöglichkeiten und die Unentbehrlichkeit der Gesellschafterfremdmittel zur Verwirklichung der gesellschaftsvertraglichen Ziele[119]. Dagegen kommt es auf die finanzielle Situation der Gesellschaft im Zeitpunkt der Darlehensgewähr nicht an.

Auch bei finanzplanmäßig erbrachten Gesellschafterleistungen wird die Überlassung von Investitionsgütern, auf die die Gesellschaft zur Aufnahme, bzw. Aufrechterhaltung ihres Geschäftsbetriebes angewiesen ist, der Gewährung von Darlehen gleichgestellt[120].

b) Rechtsfolgen

Wegen ihrer materiellen Eigenkapitfunktion gehören Finanzplankredite zur Haftungsmasse der Gesellschaft, die deren Gläubigern zur Verfügung stehen muß[121]. Bei Eintritt der Krise kommt es deshalb zu einem faktischen Rangrücktritt. Der Darlehensrückzahlungsanspruch kann nicht zur Konkurstabelle angemeldet werden, ein verbindlich zugesagter, aber noch nicht ausbezahlter Finanzplankredit kann von der Gesellschaft, bzw. dem Konkursverwalter eingefordert werden, soweit er zur Befriedigung der übrigen Gläubiger benötigt wird[122]. Ein trotz der Eigenkapitalbindung zurückbezahlter Gesellschafter-

---

117 BGHZ 104, 33, 40; BGH GmbHR 1992, 368; *Hommelhoff/Kleindiek*, FS 100 Jahre GmbHG, S. 440.

118 BGHZ 104, 33, 40.

119 BGHZ 104, 33, 41; vgl. dazu auch Scholz/*K. Schmidt*, GmbHG, §§ 32a, 32b, Rn. 38; *Hommelhoff/Kleindiek*, FS 100 Jahre GmbHG, S. 440.

120 *Hommelhoff/Kleindiek*, FS 100 Jahre GmbHG, S. 439; *Lutter/Hommelhoff*, GmbHG, §§ 32a/b, Rn. 109; Hachenburg/*Ulmer*, GmbHG, §§ 32 a, b, Rn. 111; *ders.*, FS Kellermann, S. 496 f.

121 BGHZ 104, 33, 39.

122 BGH GmbHR 1992, 368; zustimmend *Lutter/Hommelhoff*, GmbHG, §§ 32 a/b, Rn. 15 f; *Hommelhoff/Kleindiek*, FS 100 Jahre GmbHG, S. 441.

kredit kann vom Empfänger in analoger Anwendung der §§ 30, 31 Abs. 1 GmbH bzw. der Novellen-Regeln zurückverlangt werden[123].

Weitgehend ungeklärt ist noch die Frage, ob den Gesellschaftern Möglichkeiten offenstehen, sich von der Bindung wieder zu lösen, die sie mit der Gewährung von Finanzplankrediten eingegangen sind. Dies wird teilweise mit dem Hinweis bejaht, durch einen Finanzplankredit könnten Gesellschafter nicht stärker gebunden sein, als sie es im Rahmen einer Kapitalerhöhung oder der Gewährung von Nachschußkapital wären[124]. Zustimmung verdient die Ansicht, daß Finanzplanleistungen nur dann kündbar sind, wenn die Gesellschaft sie nach ihrer aktuellen Finanzplanung zur Aufrechterhaltung ihres Geschäftsbetriebes nicht mehr benötigt, sei es weil sie ausreichend Rücklagen bilden konnte, sei es weil sie ihren Geschäftsumfang verringert hat[125].

7. Zusammenfassung

Die GmbH-rechtlichen Eigenkapitalersatzregeln führen zur Umqualifzierung von formellem Fremdkapital, das die Gesellschafter oder ihnen wirtschaftlich entsprechende Personen der Gesellschaft gewähren, in materielles Eigenkapital. Maßgeblich für die haftungsrechtliche Behandlung von Gesellschaftsvermögen ist daher nicht die Bezeichnung als Fremd- oder Eigenkapital, sondern seine objektive Funktion.

Die Legitimation dieser Umqualifizierung auch gegen den Willen der Gesellschafter beruht auf dem Grundsatz von Treu und Glauben. Geschützt wird das Vertrauen der außenstehenden Gläubiger in die finanzielle Leistungsfähigkeit der Gesellschaft. Beruht diese auf der Ausstattung mit Fremdkapital aus Gesellschafterhand, so sind Drittgläubiger vor den sich aus dieser Finanzierung ergebenden Nachteilen zu schützen. Eigenkapitalersetzendes formelles Fremdkapital wird daher im Verhältnis zu den außenstehenden Drittgläubigern wie Eigenkapital behandelt. Soweit deren Interessen dadurch benachteiligt würden, kann es daher nicht im Konkursverfahren geltend gemacht werden. Ausstehende, aber versprochene kapitalersetzende Leistungen sind auch im Konkursverfahren noch zu erbringen, soweit sie zur Gläubigerbefriedigung erforderlich sind.

Kern der Argumentation ist die Verantwortung des Gesellschafters für eine ordnungsgemäße Unternehmensfinanzierung, die ihn in der Krise zwar nicht

[123] *Lutter/Hommelhoff*, GmbHG, §§ 32 a/b, Rn. 15; *Hommelhoff/Kleindiek*, FS 100 Jahre GmbHG, S. 443.

[124] *V. Gerkan/Hommelhoff*, Kapitalersatz, S. 28.

[125] So auch *Hommelhoff/Kleindiek*, FS 100 Jahre GmbHG, S. 442; i. E. ähnlich auch Scholz/*K. Schmidt*, GmbHG, §§ 32a, 32b, Rn. 42; *Lutter/Hommelhoff*, GmbHG, §§ 32a/b, Rn. 16; offen insoweit BGHZ 104, 33, 42.

positiv verpflichtet, fehlendes Kapital aus seinem Vermögen nachzuschießen, der er sich aber nicht in der Weise zum Nachteil der Gläubiger entziehen kann, daß er bei einer tatsächlich beabsichtigten Finanzhilfe, anstatt sie durch die objektiv gebotene Einbringung haftenden Kapitals zu leisten, auf eine andere, ihm weniger riskant erscheinende Finanzierungsform ausweicht[126]. Mit der Aufrechterhaltung des Geschäftsbetriebes durch die Bereitstellung weiterer Finanzmittel setzt der Gesellschafter den Rechtsschein, die Gesellschaft verfüge noch über so viel Eigenkapital, daß sie ihre Geschäfte als werbendes Unternehmen weiterbetreiben könne[127]. Hinter den Voraussetzungen für die institutionelle Umwandlung von formellem Fremdkapital in materielles Eigenkapital nach §§ 32a ff. GmbHG steht demnach das Prinzip der Finanzierungsverantwortung der Gesellschafter[128]. Diese Finanzierungsverantwortung ergibt sich aus den Mitgliedschaftsrechten, insbesondere der Stimmrechtsausübung und dem Recht auf Anteil am Gewinn bzw. Liquidationserlös.

Nachdem das von Rechtsprechung und Literatur entwickelte Kapitalersatzrecht lange Zeit breite Zustimmung erfahren hatte, treten in letzter Zeit Stimmen auf, die Kritik an der immer weiter gefaßten Haftung der Gesellschafter üben. Es seien Zweifel angebracht, ob angesichts der Anknüpfung an den zur Erreichung des Gesellschaftszwecks erforderlichen Kapitalbedarf nicht eine Abkehr von dem lange gehegten Grundsatz stattfinde, daß eine Pflicht zur angemessenen Ausstattung der Gesellschaft mit haftendem Kapital nicht bestehe[129]. Mit den Regelungen über eigenkapitalersetzende Gesellschafterdarlehen würden Lücken gefüllt, die im Gläubigerschutz gegen die nominelle Unterkapitalisierung bestünden[130]. Mit der Ausweitung der Kapitalersatzhaftung auf Dritte, die in einem Zurechnungszusammenhang mit einem Gesellschafter stehen und Finanzierungsleistungen, die wirtschaftlich der Kreditgewährung entsprechen, werde der Grundsatz des GmbH-Rechts von der Freiheit der Finanzierung des Unternehmens aufgegeben[131].

Die Kritik an der Entwicklung des Rechts der eigenkapitalersetzenden Gesellschafterdarlehen erinnert zurecht daran, daß unter Berücksichtigung der berechtigten Gläubigerinteressen nicht außer acht gelassen werden darf, daß das Fehlen der unmittelbaren persönlichen Haftung der Gesellschafter zu den wesentlichen Merkmalen der Kapitalgesellschaften gehört. Die Begründung einer persönlichen Haftung der GmbH-Gesellschafter setzt daher immer die

---

[126] BGHZ 31, 258. 272 f.; 75, 334, 336 f.; 81, 252, 257; 81, 311, 317; 90, 381, 389; 105, 168, 175; 109, 55, 57; vgl. auch *Hommelhoff/Kleindiek*, FS 100 Jahre GmbHG, S. 430 f.; *Fleck*, FS Werner, S. 116 f.; *v. Gerkan/Hommelhoff*, Kapitalersatz, S. 17.

[127] So auch BGHZ 75, 334, 338.

[128] Das betont der BGH mehrfach in seiner Urteilsbegründung in BGHZ 119, 191, 195, 196, 201.

[129] Scholz/*H. P. Westermann*, GmbHG, § 30, Rn. 2.

[130] So *Rümker*, ZGR 1988, S. 494, 498.

[131] *Claussen*, GmbHR 1994, S. 9 f., der aber gleichzeitig eine Trendumkehr zu erkennen glaubt.

treuwidrige Ausnutzung eines Vertrauenstatbestandes voraus, der die Interessen der Drittgläubiger schutzwürdiger als die der am Unternehmen beteiligten Gläubiger erscheinen läßt[132].

[132] In diesem Sinne wohl auch Scholz/*K. Schmidt*, GmbHG, §§ 32a, 32b, Rn. 21.

4. Teil

Parallelen der Eigenkapitalersatzhaftung nach GmbH-Recht und den Rechtsprechungsgrundsätzen zur Publikumspersonengesellschaft mit gesplitteter Einlage

1. Zusammenfassung der bisherigen Untersuchungen

Die bisherigen Untersuchungen zeigen, daß die Problematik der Umqualifizierung von formellem Fremdkapital in materielles Eigenkapital gleichermaßen bei Kapitalgesellschaften wie auch bei Personengesellschaften auftritt. Im Recht der GmbH und der GmbH & Co. KG hat die Frage nach der Behandlung eigenkapitalersetzender Gesellschafterdarlehen mit der GmbH-Novelle eine gesetzliche Regelung für den Insolvenzfall gefunden, der sich an der schon vorher aus den Kapitalerhaltungsvorschriften der §§ 30, 31 GmbHG entwickelten Rechtsprechung des BGH orientiert. Die GmbH-rechtliche Lösung des Problems ist von der Rechtsprechung analog auf die Aktiengesellschaft übertragen worden. Dabei hat der BGH festgestellt, daß keine Gründe ersichtlich wären, die gegen eine Übertragung der Rechtsgrundsätze zur Behandlung eigenkapitalersetzender Gesellschafterdarlehen, wie sie in der Rechtsprechung und den Regeln der GmbHG-Novelle zum Ausdruck gekommen sind, auch auf andere Gesellschaftsformen sprächen[1].

Die Rechtsprechung des BGH zur Umqualifizierung von formellem Fremdkapital in materielles Eigenkapital bei Publikumspersonengesellschaften mit gesplitteter Einlage nimmt keinen Bezug auf die GmbH-rechtlichen Kapitalersatzregeln. Bei dem von den Kommanditisten aufzubringenden Fremdkapital handele es sich nicht um eigenkapitalersetzende sondern um eigenkapitalgleiche Gesellschafterleistungen[2]. Statt analog die GmbH-rechtlichen Kapitalersatzregeln auch auf Personengesellschaften anzuwenden, entwickelt der BGH für die Umqualifizierung der Fremdkapitalleistung von Kommanditisten bei

---

[1] BGHZ 90, 381, 385 f.

[2] In diesem Sinne BGH NJW 1980, 1523; NJW 1981, 2252; NJW 1982, 2254; BGHZ 93, 159, 161; 104, 33, 38. Vgl. auch v. Gerkan, GmbHR 1990, S. 385; Lutter/Hommelhoff, GmbHG, §§ 32a/b, Rn. 11; Hommelhoff/Kleindiek, FS 100 Jahre GmbHG, S. 439.

Publikumspersonengesellschaften eigene Regeln[3]. Dennoch wird auch bei diesem System der Umqualifizierung entscheidend auf den Eigenkapitalcharakter, bzw. die Eigenkapitalfunktion der Fremdmittel abgestellt.

In der Praxis werden demnach die beiden Systeme der Umwandlung von formellem Fremdkapital in materielles Eigenkapital streng voneinander abgegrenzt. Eine Verbindung stellen jedoch die Finanzplankredite dar. Diese werden üblicherweise als Sonderform eigenkapitalersetzender Gesellschafterleistungen i.S.v. § 32a GmbHG beurteilt, auf die die GmbH-rechtlichen Rechtsfolgen zumindest entsprechend anwendbar seien[4]. Die Rechtsprechung hat den rechtsformunabhängigen Tatbestand des Finanzplankredits jedoch ausdrücklich aufbauend auf der Rechtsprechung zu den Publikumspersonengesellschaften mit gesplitteter Einlage entwickelt[5]. Auch wenn die Literatur auf mögliche Berührungspunkte nicht eingeht, so läßt sich aus diesem Umstand erkennen, daß beide Systeme sachlich zumindest ähnliche Probleme betreffen

Im folgenden sollen die offensichtlichen Parallen beider Systeme dargestellt werden und Abweichungen daraufhin untersucht werden, ob sie auf dogmatischen Unterschieden beruhen, die auch durch eine analoge, die unterschiedlichen Rechtsformen berücksichtigende Anwendung der GmbH-rechtlichen Vorschriften nicht überwunden werden könnten. Lassen sich unterschiedliche Tatbestandsvoraussetzungen oder Rechtsfolgen als rechtsformspezifische Abweichungen im Rahmen einer analogen Anwendung unter die GmbH-rechtlichen Kapitalersatzregeln subsummieren, so würde dies beweisen, daß der BGH faktisch bereits ein rechtsformübergreifendes Prinzip der Verantwortung der Gesellschafter für eine ordnungsgemäße Finanzierung ihrer Gesellschaft anerkannt hat und daher die Grundsätze des Kapitalersatzrechts bereits auch auf Personengesellschaften anwendet.

2. Zielsetzungen der unterschiedlichen Haftungssysteme

Ausgangspunkt der Entwicklung des Kapitalersatzrechts und Hauptanliegen der GmbH-Novelle von 1980 war eine Verstärkung des Gläubigerschutzes[6].

---

[3] BGHZ 104, 33, 37 f. grenzt die verschiedenen Systeme der Umqualifizierung von formellem Fremdkapital in materielles Eigenkapital ausführlich voneinander ab. Ähnlich auch Joost, ZGR 1987, S. 373.

[4] Vgl. dazu Lutter/Hommelhoff, GmbHG, §§ 32a/b, Rn. 11 ff; Scholz/K. Schmidt, GmbHG, §§ 32a, 32b, Rn. 35, 38.

[5] BGHZ 104, 33, 38 f.

[6] Zuerst RG, JW 1938, 862 wonach die Ausnutzung der Haftungsbeschränkung zu Lasten der „wirklichen" Gläubiger sittenwidrig i.S.v. § 826 BGB sei; dann BGHZ 31, 258 für die analoge Anwendung der Kapitalerhaltungsvorschriften em. §§ 30, 31 GmbHG und schließlich die Begründung zum RegE, BT-Drucks. 8 /1347, S. 27 mit der Feststellung, die bis dahin bestehenden

Die Möglichkeit der GmbH-Gesellschafter, durch die Doppelrolle als Gesellschafter und Gläubiger die GmbH-wesentlichen Haftungsbeschränkungen auszunutzen und so das Unternehmerrisiko auf die außenstehenden Gläubiger zu verlagern[7], zwangen zunächst die Rechtsprechung und später auch den Gesetzgeber dazu, durch eine Ausweitung der Kapitalaufbringungs- und Kapitalerhaltungsregeln Umgehungsversuchen zu Lasten der Gläubiger Einhalt zu gebieten. Die bestehende GmbH-rechtliche Kapitalersatzhaftung soll jedoch keine Haftung der Gesellschafter für die unzureichende Austattung der Gesellschaft mit Eigenkapital begründen[8]. Ziel ist es zu verhindern, daß die Gesellschafter das Geschäftsrisiko auf die Gläubiger der Gesellschaft abwälzen, indem sie zur Aufrechterhaltung des Geschäftsbetriebes dieser in der finanziellen Krise anstelle von zusätzlichem haftenden Eigenkapital Fremdmittel zur Verfügung stellen und dadurch bei Dritten das Vertrauen auf die Lebensfähigkeit der Gesellschaft erwecken[9].

Bei der Rechtsprechung zu den Publikumspersonengesellschaften mit gesplitteter Einlage geht es sachlich um die gleiche Problematik wie bei den Kapitalersatzregeln des GmbH-Rechts[10]. Auch hier steht die Verbesserung des Gläubigerschutzes im Vordergrund. Am Anfang der Entwicklung stand jedoch zunächst die gesellschaftsinterne Frage, inwieweit die Gesellschaft gegen den Gesellschafter einen Anspruch auf Erbringung der zusätzlichen Kapitalleistung hat bzw. ob der Gesellschafter seine Leistung wie ein außenstehender Gläubiger kündigen kann[11]. Der BGH verneinte dies mit dem Hinweis auf die gesellschaftsvertragliche Verpflichtung zur Darlehensgewähr, allerdings nur insoweit, wie die Kapitalleistungen zur Abwicklung der Gesellschaft benötigt wurden. Diese Notwendigkeit wird aber zumindest immer dann angenommen, wenn die Mittel zur Befriedigung der Gläubiger gebraucht werden[12]. Der Gläubigerschutz wird auf diesem Wege verbessert, indem die Befriedigung der außenstehenden Gläubiger zum Gesellschaftsinteresse erklärt wird. In den späteren Entscheidungen stellte die Rechtsprechung zu den Publikumspersonenge-

---

Gläubigerschutzregeln reichten nicht aus. Vgl. im übrigen BGHZ 75, 334, 337; 76, 326, 330 f.; BGH NJW 1993, 393.

[7] Vgl. dazu auch Immenga, Die personalistische Kapitalgesellschaft, S. 422; Wüst, Gläubigerschutz, S. 6; ähnlich auch Joost, ZGR 1987, S. 384

[8] Vgl. etwa BGHZ 31, 258, 272 f.; 75, 334, 336 f.; 81, 252, 257; 81, 311, 317; 90, 381, 389; 109, 55, 57. Gegen eine Haftung für materielle Unterkapitalisierung auch Ballerstedt, GmbHR 1967, S. 69; Baumbach/Hueck, GmbHG, § 5, Rn. 6; Hofmann, NJW 1966, S. 1944; Kahler, BB 1985, S. 1434; Schulze-Osterloh, ZGR 1983, S. 143 ff.; Sonnenberger, NJW 1969, S. 2033; a.A. Immenga, Die personalistische Kapitalgesellschaft, S. 402; Wiedemann, Gesellschaftsrecht I, S. 224, 565 ff.; Winkler, BB 1969, S. 1202.

[9] BT-Drucks. 8/1347, S. 27; Lutter/Hommelhoff, GmbHG, §§ 32a/b, Rn.1, 3; Hachenburg/Ulmer, GmbHG, §§ 32a,b, Rn. 8; Geßler, ZIP 1981, S. 231; K. Schmidt, ZHR 1983, S. 176 f.; Ulmer, ZIP 1984, S. 1166; Wiedemann, FS Beusch, S. 902.

[10] Ebenso Joost, ZGR 1987, S. 373.

[11] BGHZ 70, 61; BGH, LM Nr. 6 zu § 149 HGB.

[12] BGH LM Nr. 6 zu § 149 HGB.

sellschaften regelmäßig auf den Eigenkapitalcharakter, bzw. die Eigenkapitalfunktion der Mittel ab und hob die Haftungsfunktion des Eigenkapitals zugunsten der außenstehenden Gläubiger hervor[13].

Beide Systeme der Umwandlung von formellem Fremdkapital in materielles Eigenkapital entsprechen sich in ihrem Ziel, den Schutz außenstehender Gesellschaftsgläubiger zu verbessern. Begrenzen die Gesellschafter ihr unternehmerisches Risiko dadurch, daß sie die Gesellschaft nur mit geringem Eigenkapital ausstatten und gleichzeitig darüberhinaus bestehenden Kapitalbedarf durch Fremdmittel abdecken, so führt diese Doppelstellung als Gesellschafter und Gläubiger zu einer Benachteiligung der Drittgläubiger. Zeichnen sich finanzielle Schwierigkeiten der Gesellschaft ab, so könnten die Gesellschafter sich auf ihre Gläubigerstellung berufen und ihre Mittel abziehen, in der Liquidation könnten sie ihre Forderungen zur Konkurstabelle anmelden und dadurch die Konkursquote der übrigen Gläubiger verringern. Beide Systeme versuchen die Drittgläubiger vor einer solchen Beeinträchtigung zu schützen, in dem sie formelles Fremdkapital materiell dem Eigenkapital gleichstellen. Dadurch kann sich der Gläubiger-Gesellschafter in der Insolvenz nicht auf seine Gläubigerstellung berufen. Beide Haftungsvarianten setzen die Quasi-Eigenkapitalqualifikation der Gesellschafterfremdmittel voraus und knüpfen damit an das Versprechen der Gesellschafter an, für die Aufbringung und Erhaltung ihrer Einlage zu garantieren[14].

3. Tatbestandsvoraussetzungen

a) Adressaten der Kapitalersatzhaftung

Die Ausstattung einer Gesellschaft mit Fremdkapital kann aus betriebswirtschaftlichen und steuerlichen Gründen ein sinnvoller und zulässiger Weg der Kapitalaufbringung sein[15]. Eine Umqualifizierung von formellem Fremdkapital in materielles Eigenkapital kann deshalb nur dann in Betracht kommen, wenn der Darlehensgeber sich von sonstigen Gläubigern dadurch unterscheidet, daß er in einer besonderen Beziehung zur Gesellschaft steht und er aufgrund dieser Stellung eine besondere Verantwortung für die ordnungsgemäße Finanzierung

---

[13] So BGH NJW 1980, S. 1523 für die stille Einlage des Kommanditisten, die – als Eigenkapital – zur Befriedigung der Gläubiger zur Verfügung stehen müsse; ebenso BGH NJW 1981, 2252; NJW 1982, 2254; BGHZ 93, 159, 164; für Finanzplankredite vgl. BGHZ 104, 33, 40.

[14] In diesem Sinne auch Scholz/Westermann, GmbHG, § 30, Rn. 2.

[15] So auch BGHZ 75, 334, 337; 76, 326, 330; Hofmann, NJW 1966, S. 1941. Zum Grundsatz der Finanzierungsfreiheit vgl. Rümker, ZGR 1988, S. 498; K. Schmidt, ZHR 1983, S. 166; Wiedemann, Gesellschaftsrecht I, S. 565.

der Gesellschaft trägt[16]. Mit der Bestimmung des finanzierungsverantwortlichen Personenkreises hatte sich die Rechtsprechung sowohl im Recht der GmbH, wie auch bei den Publikumspersonengesellschaften mit gesplitteter Einlage auseinanderzusetzen, im Rahmen der GmbH-Novelle beschäftigte sich darüberhinaus der Gesetzgeber mit der Problematik.

aa) Gesellschafter

Abweichungen ergeben sich auf den ersten Blick bei einem Vergleich der Personenkreise, die im Anwendungsbereich der GmbH-rechtlichen Kapitalersatzregeln und der Rechtsprechung zu den Publikumspersonengesellschaften mit gesplitteter Einlage der Ersatzkapitalhaftung unterliegen können. Während im GmbH-Recht alle Gesellschafter, unabhängig vom Ausmaß und der Motivation ihrer Beteiligung haftbar gemacht werden können[17], hat die Rechtsprechung bei den Publikumspersonengesellschaften bislang aus dem Kreis der Gesellschafter ausschließlich Fremdkapitalleistungen von Kommanditisten in Quasi-Eigenkapital umqualifiziert. Mit Kapitalleistungen von Komplementären hatte sich die Rechtsprechung im Bereich der Publikumspersonengesellschaften mit gesplitteter Einlage noch nicht zu befassen. Für die gesetzestypische Normal-KG hat der BGH jedoch entschieden, daß im Hinblick auf die unbegrenzte Haftung des Komplementärs eine Anwendung der Kapitalersatzvorschriften auf diesen nicht in Betracht komme[18].

bb) Gesellschaftern gleichgestellte Dritte

Sowohl nach den GmbH-rechtlichen Kapitalersatzregeln, als auch nach der Rechtsprechung zu den Publikumspersonengesellschaften mit gesplitteter Einlage können neben formellen Fremdkapitalleistungen der Gesellschafter auch die außenstehender Dritter in materielles Eigenkapital umqualifiziert werden.

Die Rechtsprechung zur Problematik des Eigenkapitalersatzes im GmbH-Recht hat sich vielfach mit Umgehungstatbeständen auseinanderzusetzen gehabt, bei denen die Gesellschafter durch Verlagerung der Kreditgewährung auf

---

[16] Vgl. nur BGHZ 90, 381, 389; Lutter/Hommelhoff, GmbHG, §§ 32a/b, Rn. 3; Scholz/K. Schmidt, GmbHG, §§ 32a, 32b, Rn. 4 f; Wiedemann, ZIP 1986, S. 1299 f.

[17] So die gefestigte Rechtsprechung des BGH, BGHZ 81, 314 f.; 105, 168, 175; BGH WM 1990, 554. Vgl. zum Streit über eine Mindestbeteiligung und das Erfordernis einer unternehmerischen Motivation schon oben S. 52.

[18] BGHZ 112, 31, 38 f.; Großkommentar HGB-*Schilling*, § 172a, Rn. 6 bezugnehmend auf den Wortlaut der BT-Drucks. 8/1347 S. 58; *Gersch/Herget/ Marsch/Stützle*, GmbH-Reform, Rn. 373; dagegen Scholz/*K. Schmidt*, GmbHG, §§ 32a, 32b, Rn. 22; *ders.* in Schlegelberger, HGB, § 172a, Rn. 19; *ders.*, ZIP 1991, S. 1 ff.

Dritte der Haftung für eigenkapitalersetzende Gesellschafterdarlehen nach den BGH-Regeln zu entgehen versuchten. Für derartige Finanzierungskonstruktionen liegt daher eine umfangreiche Judikatur vor, die im Kern auf die wirtschaftliche Vergleichbarkeit der Finanzierung durch einen Gesellschafter mit der durch den Dritten abstellt. Maßgeblich ist dafür insbesondere die Einräumung gesellschaftertypischer Mitwirkungs- und Kontrollrechte[19].

Bei den Publikumspersonengesellschaften mit gesplitteter Einlage hatte der BGH in den allermeisten Fällen nur über die Qualifizierung von Kapitalleistungen zu entscheiden, die die Anleger-Kommanditisten neben ihrer Einlage versprochen bzw. gewährt hatten. In einem Fall jedoch hatte der BGH darüber zu befinden, unter welchen Voraussetzungen eine selbständig übernommene stille Einlage Teil der Eigenkapitalgrundlage einer Kommanditgesellschaft wird und den Gläubigern dieser Gesellschaft als Haftungsmasse zur Verfügung stehen muß[20]. Hier entschied der BGH mit Hinweis auf die atypische Ausgestaltung des stillen Gesellschaftsverhältnisses, das dem stillen Gesellschafter weitestgehende Mitbestimmungs- und Kontrollrechte einräumte und ihn de facto einem Kommanditisten gleichstellte, daß in diesem Fall die stille Beteiligung wie eine Kommanditeinlage als haftendes Eigenkapital zu behandeln sei, das mit den Kommanditeinlagen sowie dem Beitrag und der unbeschränkten Haftung des Komplementärs die Kredit- und Haftungsgrundlage der Gesellschaft bilde und daher in voller Höhe den Gesellschaftsgläubigern zur Verfügung stehen müsse[21].

Diese Entscheidung weicht von den übrigen Urteilen zur Publikumspersonengesellschaft mit gesplitteter Einlage insofern ab, als es hier nicht um die Qualifizierung des Fremdkapitalanteils einer in Kommanditeinlage und formeller Fremdkapitalleistung aufgeteilten Beteiligung geht. Der BGH behandelt die stille Beteiligung genauso wie eine Kommanditeinlage als haftendes Eigenkapital. Der stille Gesellschafter wird, wenn er in atypischer Weise über Kontroll- und Mitbestimmungsrechte in der Kommanditgesellschaft verfügt, wie ein Kommanditist behandelt. Auch in diesem Fall sind es die tatsächlichen wirtschaftlichen Verhältnisse, die für die Quasi-Eigenkapitalqualifizierung ausschlaggebend waren. Mit der wirtschaftlichen Stellung der stillen Gesellschafter stünde es in Widerspruch, sie einem Drittgläubiger der Kommanditgesellschaft gleichzustellen und ihnen bei Auflösung und Beendigung der stillen Gesellschaft einen Anspruch auf Rückzahlung der erbrachten Einlage zu geben[22].

---

[19] Vgl. dazu schon oben S. 61. Die Vermeidung von Umgehungstatbeständen war auch eines der Hauptanliegen des Gesetzgebers im Rahmen der GmbH-Novelle, vgl. BT-Drucks. 8/1347, S. 40.

[20] BGH NJW 1985, 1080.

[21] BGH NJW 1985, 1079 f; ebenso Scholz/*K. Schmidt*, GmbHG, §§ 32a, 32b, Rn. 30, Fn. 91.

[22] BGH NJW 1985, 1080.

Der Kapitalersatzhaftung können demnach sowohl im GmbH-Recht wie auch bei den Publikumspersonengesellschaften auch Dritte unterliegen, die nicht Gesellschafter sind. Entscheidend ist die wirtschaftliche Betrachtungsweise, die dem Dritten eine gesellschafterähnliche Stellung geben muß. Da grundsätzlich Kontroll- und Überwachungsrechte Ausfluß der Rechnungslegungspflicht auch beim normalen Darlehen sein können, ist jedoch eine sorgfältige Einzelfallbetrachtung notwendig[23].

cc) Die Haftungsbeschränkung als Haftungsgrundlage

Nach der vergleichenden Untersuchung der Normadressaten der beiden Systeme zur Umqualifizierung von formellem Fremdkapital in materielles Eigenkapital besteht der wesentliche Unterschied zwischen ihnen darin, daß im GmbH-Recht alle Gesellschafter und ihnen wirtschaftlich gleichgestellte Dritte der Kapitalersatzhaftung unterliegen können, während diese bei den Publikumspersonengesellschaften mit gesplitteter Einlage nur die Kommanditsten und ihnen wirtschaftlich entsprechende Dritte treffen kann, nach herrschender Auffassung jedoch nicht die Komplementäre. Der Auschluß der Umqualifizierung von Fremdkapitalleistungen, die die Komplementäre einer Publikumskommanditgesellschaft stellen, führt aber zu dem Ergebnis, daß sowohl nach dem GmbH-rechtlichen Kapitalersatzsystem, als auch nach der Rechtsprechung zu den Publikumspersonengesellschaften mit gesplitteter Einlage nur solche formellen Fremdkapitalleistungen wie haftendes Eigenkapital behandelt werden, die von summenmäßig beschränkt haftenden Personen aufgebracht werden. Es fragt sich daher, ob die Ersatzkapitalhaftung in beiden Systemen ihre Grundlage in der Haftungsbeschränkung der Kapitalgeber hat.

Ziel der Kapitalersatzhaftung ist es, das Vermögen der Gesellschaft zum Schutz ihrer Gläubiger vor Aushöhlung durch die Gesellschafter zu schützen. Die summenmäßig beschränkte Haftung der GmbH-Gesellschafter und Kommanditisten führt zu einer Trennung von Gesellschaftsvermögen und Gesellschaftervermögen, zumindest für den die Haftsumme des Kommanditsiten übersteigenden Betrag[24]. Diese Trennung besteht zwar grundsätzlich auch zwischen dem Gesellschaftsvermögen und dem des Komplementärs, aus Sicht der Gläubiger besteht wegen der unbegrenzten persönlichen Haftung des Komple-

---

[23] Erman/*O. Werner*, BGB, Vor § 607, Rn. 42 m.w.N.

[24] Vgl. zu dieser Problematik *Häsemeyer*, ZHR 149 (1985), S. 48 f, der die trennende Konzeption ablehnt und für eine haftungsrechtliche Zusammenfassung von Gesellschafts- und Kommanditistenvermögen bis zur Höhe der Haftsumme plädiert; dagegen Schlegelberger/*K. Schmidt*, HGB, §§ 171, 172, Rn. 4.

mentärs jedoch kein Interesse an einer haftungsrechtlichen Zuordnung des Komplementärvermögens in Privat- und Gesellschaftsvermögen[25].

Die Beschränkung der persönlichen Haftung für unternehmerisches Handeln kann nur dann gerechtfertigt sein, wenn sie durch ein in Aufbringung und Erhaltung geschütztes Gesellschaftsvermögen oder durch die unbeschränkte persönliche Haftung zumindest eines Gesellschafters ausgeglichen wird[26]. Im Recht der GmbH übernehmen diesen Gläubigerschutz die Kapitalaufbringungsvorschriften nach §§ 19 ff. GmbHG und die Kapitalerhaltungsregeln nach §§ 30 ff. GmbHG. Das Personengesellschaftsrecht kennt eine vergleichbar strenge gesetzliche Kapitalsicherung nicht. Das Fehlen solcher Schutzbestimmungen wird durch die persönliche Einstandspflicht der Gesellschafter ausgeglichen. Persönliche Haftung kann so fehlendes Kapital ersetzen[27]. Eine summenmäßig beschränkte Haftung wie die der Kommanditisten setzt deshalb voraus, daß die Aufbringung und Erhaltung der Kapitalsumme gesichert ist, für deren Vorhandensein die beschränkt haftenden Gesellschafter mit Eintragung der Haftsumme im Handelsregister die Gewähr übernommen haben[28].

In beiden Gesellschaftsformen haften die Gesellschafter persönlich, solange sie ihre versprochene Einlage noch nicht erbracht haben, nach Zahlung ihrer Einlage haften sie dagegen grundsätzlich nicht mehr, sondern können die Gläubiger an das Gesellschaftsvermögen verweisen[29]. Diese Haftungsbeschränkung erscheint jedoch aus Sicht der Gläubiger problematisch, wenn die Gesellschafter, die die zur Erlangung der Haftungsbeschränkung erforderliche Summe weitgehend freibestimmen können, diese bewußt niedrig ansetzen und den darüberhinaus erforderlichen Kapitalbedarf durch Gesellschafterdarlehen abdecken. Stellt der Gesellschafter einer GmbH oder der Kommanditist einer Kommanditgesellschaft daher über seine Einlage hinaus der Gesellschaft weitere Kapitalleistungen zur Verfügung und haben diese Leistungen den Charakter von Eigenkapital, so wird die Haftung des Gesellschafters so behandelt, als

---

[25] Nach Ansicht *Wiedemanns*, Gesellschaftsrecht I, S. 539 kann der Gläubiger das Unternehmens- und das Privatvermögen als eine einzige Vollstreckungsmasse ansehen.

[26] Wiedemann, Gesellschaftsrecht I, S. 536; *ders.*, Haftungsbeschränkung, S. 9, dort bezugnehmend auf BGHZ 45, 204 (Rektor-Fall); vgl. dazu auch *K. Schmidt*, Gesellschaftsrecht, S. 437 der vom rechtspolitischen Postulat unbeschränkter Haftung für unternehmerisch tätige Verbände ausgeht.

[27] *Wiedemann*, Gesellschaftsrecht I, S. 536; zustimmend *K. Schmidt*, ZHR 147 (1983), S. 167; einschränkend jedoch *ders.*, Gesellschaftsrecht, S. 440: Die persönliche Haftung der Gesellschafter könne wegen fehlender Schutzvorschriften bezüglich deren Privatvermögens eine unzureichende Kapitalausstattung der Gesellschaft nur unvollkommen ersetzen.

[28] In diesem Sinne auch BGHZ 95, 330, 333f; DB 1985, 270; DB 1994, 1354.

[29] Für die KG ergibt sich das aus § 171 Abs. 1 HGB, vgl. *Schilling* in Großkomm. HGB, § 161, Rn. 16; § 171, Rn. 3; bei der GmbH beschränkt § 13 Abs. 2 GmbHG die Haftung für Verbindlichkeiten der Gesellschaft auf das Gesellschaftsvermögen.

habe er mit der Hingabe seine Haftungsübernahme um den Wert der kapitalersetzenden Leistung erhöhen wollen[30].

Sowohl nach den Novellen- bzw. BGH-Regeln, wie auch nach den Rechtsprechungsgrundsätzen zur Publikumspersonengesellschaft mit gesplitteter Einlage unterliegen diejenigen Gesellschafter der Kapitalersatzhaftung, die zwar durch Ausnutzung einer gesellschaftsrechtlichen Haftungsbeschränkung ihr Risiko möglichst gering halten wollen, aber gleichzeitig, den höheren Kapitalbedarf erkennend, der Gesellschaft Mittel in der weniger riskanten Form von Fremdkapital zur Verfügung stellen. Dieses Verhalten stellt einen Mißbrauch des Privilegs der Haftungsbeschränkung dar und ist mit der den Gesellschaftern obliegenden Verantwortung für eine ordnungsgemäße Unternehmensfinanzierung nicht vereinbar.

dd) Unternehmerische Beteiligung und Finanzierungsverantwortung

Grundlage der Ersatzkapitalhaftung im GmbH-Recht ist die Verantwortung der Gesellschafter für die ordnungsgemäße Finanzierung der Gesellschaft[31]. Auch bei den Publikumspersonengesellschaften mit gesplitteter Einlage argumentiert die Rechtsprechung mit der besonderen Verantwortung, die sich aus der Kommanditistenstellung ergibt[32]. Auf die im Einzelfall vereinbarte rechtliche Ausgestaltung der Gesellschafterstellung nimmt die Rechtsprechung dabei keine Rücksicht.

In seiner Entscheidung zur analogen Anwendung der GmbH-rechtlichen Kapitalersatzvorschriften auf Aktionärsdarlehen begnügt sich der BGH jedoch nicht mit der bloßen Feststellung der Gesellschaftereigenschaft. Die grundsätzlich zulässige analoge Anwendung müsse die Besonderheiten der jeweiligen Gesellschaftsform berücksichtigen. Für die Annahme der Kapitalersatzhaftung eines Aktionärs sei neben seiner Gesellschaftereigenschaft zu fordern, daß die-

[30] Im Ergebnis ebenso *K. Schmidt*, ZHR 147 (1983), S. 167.

[31] BGHZ 90, 381, 388 ff; 105, 168, 175 f; OLG Hamburg DB 1987, 1778; zustimmend Fleck, FS Werner, S. 115 ff; *Wiedemann*, ZIP 1986, S. 1297; *v. Gerkan*, Kapitalersetzende Darlehen im Konkurs der GmbH, S. 3; *Hommelhoff*, Zur Haftung bei unternehmerischer Beteiligung an Kapitalgesellschaften, S. 9; Hachenburg/*Ulmer*, GmbHG, §§ 32a, 32b, Rn. 7; Scholz/*K. Schmidt*, GmbHG, §§ 32a, 32b, Rn. 5; *Lutter/Hommelhoff*, GmbHG, §§ 32 a/b, Rn. 3.

[32] BGHZ 93, 159, 164: Vermögenswerte Leistungen von Kommanditisten mit Eigenkpaitalcharakter bilden den Grundstock der Haftungsmasse; BGH NJW 1981, 2251: Kommanditist muß sich auch bezüglich seiner stillen Beteiligung als Mitunternehmer behandeln lassen; BGH NJW 1985, 1080: Kommanditistenähnliche Mitbestimmungs- und Kontrollrechte führen zur Eigenkapitalhaftung der stillen Beteiligung; BGHZ 104, 33, 40: Voraussetzung für die materiell-rechtliche Behandlung von formellem Fremdkapital als materielles Eigenkapital ist die gesellschaftsvertragliche Verpflichtung der Gesellschafter in ihrer Eigenschaft als Gesellschafter, ohne Rücksicht auf deren tatsächliche Mitbestimmungs- und Kontrollrechte.

ser aufgrund des Umfangs seiner Beteiligung Einfluß auf die unternehmerischen Entscheidungen nehmen könne[33].

Für die Umqualifizierung von Aktionärsdarlehen gilt demnach das gleiche wie für die Ersatzkapitalhaftung Dritter, die nicht an der Gesellschaft beteiligt sind. Deren formelle Fremdmittel werden dann wie materielles Eigenkapital behandelt, wenn sie wirtschaftlich die Stellung eines Gesellschafters haben[34], d.h. wenn ihnen in atypischer Weise Möglichkeiten der Einflußnahme auf die Geschäftsführung der Gesellschaft eingeräumt sind, die üblicherweise nur Gesellschaftern zustehen[35].

Die bloße Feststellung der Gesellschaftereigenschaft reicht demnach nur für die Begründung der Kapitalersatzhaftung von Kommanditisten und GmbH-Gesellschaftern aus. Bei bestimmten Rechtsformen und bei Kapitalleistungen durch Dritte muß der unternehmerische Charakter der Beteiligung gesondert geprüft werden. Fordert der BGH jedoch für die Quasi-Eigenkapitalbehandlung von Aktionärsleistungen eine qualifizierte Beteiligung, so erscheint zunächst schwer nachvollziehbar, warum entsprechende Anforderungen bei der Beteiligung an Publikumspersonengesellschaften nicht gestellt werden. Diese zeichnen sich in der Regel durch eine kapitalistische Struktur aus. Üblich sind gesellschaftsvertragliche Abreden, nach denen die Anleger-Kommanditisten auf ihre Mitbestimmungsrechte verzichten, bzw. diese von Dritten ausüben lassen[36]. Darüberhinaus spielt bei den Anleger-Kommanditisten seltener das unternehmerische Interesse eine Rolle als vielmehr die Aussicht, durch hohe Verlustzuweisungen ihre persönliche Steuerschuld zu reduzieren[37]. In ihrer Funktion als Kapitalsammelstellen wird bei den Publikumspersonengesellschaften die Rechtsform der Personengesellschaft für Zwecke verwendet, für die eigentlich die Kapitalgesellschaften, insbesondere die Aktiengesellschaft geschaffen wurde[38].

---

[33] BGHZ 90, 381, 389 ff.

[34] Für die GmbH ergibt sich dies jetzt direkt aus § 32a Abs. 3 GmbHG, für die Publikumspersonengesellschaften mit gesplitteter Einlage vgl. BGH NJW 1985, 1080.

[35] Vgl. schon BGHZ 31, 258, 260, 264, wo der BGH auf die im Treuhandvertrag festgelegten Weisungsrechte des Treugebers abstellte und ihn als wirtschaftlichen Alleingesellschafter bezeichnete; ausdrücklich auf Mitbestimmungs- und Kontrollrechte bezugnehmend BGH NJW 1985, 1080; BGHZ 90, 381, 390; 119, 191, 195.

[36] Baumbach/*Hopt*, HGB, Anh. § 177a, Rn. 1; *Hueck*, Gesellschaftsrecht, S. 161; *Schilling* in Großkommentar HGB, Anh. § 161, Rn. 30, 40; *Wiedemann*, Gesellschaftsrecht I, S. 124 f; *K. Schmidt*, Gesellschaftsrecht, S. 1403 f; *Kübler*, Gesellschaftsrecht, S. 280.

[37] Zur Unterscheidung von Unternehmer-Gesellschafter und Anlagegesellschafter, sowie zwischen Direktinvestition und Portfolio-Investition mit internationalem Bezug siehe auch *Wiedemann*, Gesellschaftsrecht I, S. 103 f.

[38] Hueck, Gesellschaftsrecht, S. 160; *Wiedemann*, Gesellschaftsrecht I, S. 104 f; *Dietrich*, Publikums-KG, S. 3; *Hüffer*, JuS 1979, S. 457. Zum Verhältnis von Aktiengesellschaft und Publikumspersonengesellschaft siehe auch *K. Schmidt*, Gesellschaftsrecht, S. 1395 f.

In ihrer Stellung als reine Kapitalanleger, und nicht als Kapitalinvestoren, gleichen die Anleger-Gesellschafter in der Publikumspersonengesellschaft den Kleinaktionären einer AG bezüglich der Motivation und Ausgestaltung ihrer Beteiligung[39]. Da der BGH in seiner Entscheidung zur analogen Anwendung der Kapitalerhaltungsgrundsätze auf die Aktiengesellschaft im wesentlichen auf die Notwendigkeit einer unternehmerischen Beteiligung abstellte und das Vorliegen einer solchen bei Kleinaktionären ablehnte, läge der Gedanke nahe, auch die Anleger-Gesellschafter einer Publikumspersonengesellschaft mangels unternehmerischer Absichten nicht der Kapitalersatzhaftung zu unterwerfen. Dies wird von Teilen der Literatur auch für den GmbH-Gesellschafter gefordert, der nur Zwerganteile an der Gesellschaft hält[40]. Folgte man den Vertretern dieser Auffassung, so ließe sich auf der Grundlage ihrer Agrumentation fordern, daß, wenn schon für die Kapitalersatzhaftung eines GmbH-Gesellschafters eine mitbestimmungsorientierte Mindestbeteiligung vorauszusetzen sei, dies erst recht für den Anleger-Kommanditisten einer Publikumspersonengesellschaft gelten müsse, da dieser in der Regel über noch weniger Mitbestimmungs- und Kontrollrechte verfüge, als der GmbH-Gesellschafter, der nur eine unmaßgebliche Beteiligung an seiner GmbH hält.

Wenn die Rechtsprechung dennoch ohne weitere Prüfung von der unternehmerischen Beteiligung bei der Feststellung der Kapitalersatzhaftung von GmbH-Gesellschaftern und Kommanditisten ausgeht, so läßt dies nur den Schluß zu, daß sich für den BGH die Mitunternehmer-Stellung eines Gesellschafters in erster Linie aus der für die Gesellschaft gewählten Rechtsform ergibt. Danach bedeutet die Beteiligung an einer GmbH oder an einer Kommanditgesellschaft immer den Beitritt als Mitunternehmer, mögen die unternehmerischen Mitwirkungsrechte im Einzelfall auch gesellschaftsvertraglich erheblich eingeschränkt sein. Für diese Auffassung spricht das für die Personengesellschaften typische enge Vertrauensverhältnis der Mitglieder, die gemeinsam ein unternehmerisches Ziel verfolgen[41]. Mit den weitgehenden Einflußmöglichkeiten, die sie ihren Gesellschaftern zugesteht und der Weisungsgebundenheit der Geschäftsführer gegenüber der Gesellschafterversammlung[42], enthält auch die GmbH personengesellschaftsrechtliche Züge[43]. Sie unterscheidet sich dadurch von der reinen Kapitalgesellschaft, wie der Aktiengesellschaft, in der die unternehmerischen Entscheidungen nach § 76 Abs. 1

---

[39] Ebenso *Kübler*, Gesellschaftsrecht, S. 280 (Fn. 28).

[40] *Lutter/Hommelhoff*, GmbHG, §§ 32 a/b, Rn. 51; *Rümker*, ZGR 1988, S. 504 f; *Ullrich*, GmbHR 1983, S. 144.

[41] *Wiedemann*, Gesellschaftsrecht I, S. 89 f; *Hüffer*, JuS 1979, S. 457; *H. P Westermann*, Handbuch der Personengesellschaften, § 1, Rn. 8; ähnlich auch *Kübler*, Gesellschaftsrecht, S. 19 f.

[42] Vgl. dazu *Lutter/Hommelhoff*, GmbHG, § 37, Rn. 1 ff; Scholz/*U. H. Schneider*, GmbHG, § 37, Rn. 30 ff; Rowedder-*Koppensteiner*, GmbHG, § 37, Rn. 25 ff; Hachenburg/*Mertens*, GmbHG, § 37, Rn. 7 ff; *Kübler*, Gesellschaftsrecht, S. 230 f.

[43] Vgl. dazu Rowedder-*Rittner*, GmbHG, Einleitung, Rn. 34; Baumbach/*Hueck*, GmbHG, Einleitung, Rn. 17.

AktG vom Vorstand in eigener Verantwortung getroffen werden. Den Aktionären als Anteilseignern der Gesellschaft bleibt zur Einflußnahme auf die Geschäftsführung im wesentlichen nur die Hauptversammlung.

Entscheidend ist demnach für den BGH der unternehmerische Charakter einer Gesellschaftsbeteiligung, so wie sie sich in der gesetzestypischen Weise der gewählten Rechtsform darstellt. Weichen die Gesellschafter von den dort vorgegebenen unternehmerischen Mitwirkungsrechten durch individuelle Vereinbarungen ab, so ändert dies nach außen nichts an dem unternehmerischen Charakter ihrer Beteiligung. Die unternehmerische Mitverantwortung verpflichtet den Gesellschafter bzw. den ihm wirtschaftlich gleichgestellten Dritten, der über einen Mindestbestand an Mitentscheidungsbefugnissen verfügt und demgemäß auch mitverantwortlich für die ordnungsgemäße Unternehmensfinanzierung ist, die Umqualifizierung der formal als Fremdkapital gewährten Mittel in nachrangiges Haftkapital zu dulden[44].

Der Zusammenhang von unternehmerischer Tätigkeit und Verantwortung für eine ordnungsgemäße Kapitalausstattung der Gesellschaft weist Parallelen auf zu dem in der Literatur kontrovers diskutierten Prinzip von Herrschaft und Haftung. Danach führen einerseits unternehmerische Mitbestimmungsrechte zu persönlicher Haftung, andererseits setzt persönliche Haftung Einfluß auf die Unternehmensführung voraus. Aufgabe der persönlichen Haftung sei es, lenkend in der Konkurrenzwirtschaft zu wirken und glücklose, bzw. unfähige Unternehmer aus dem Markt zu verdrängen[45].

Jede unternehmerische Tätigkeit in einer Wettbewerbswirtschaft birgt wirtschaftliche Risiken in sich. Dieses Risiko muß in erster Linie von denen getragen werden, die auch den Nutzen aus der unternehmerischen Tätigkeit ziehen. Wer sich mit einem Unternehmen am Wirtschaftsleben beteiligt und sich daraus Vorteile erhofft, muß im Rahmen der gesetzlichen Regelungen auch die Risiken seines Handelns auf sich nehmen und darf diese nur in dem von der Wirtschaftsordnung festgelegten Rahmen durch Haftungsbeschränkungen begrenzen.

Die Ausführungen des Bundesgerichtshofes zur analogen Anwendung der GmbH-rechtlichen Kapitalersatzvorschriften auf Aktionäre zeigen, daß grundsätzlich auch das Ausmaß an unternehmerischer Einflußnahme auf die Geschäftstätigkeit der Gesellschaft zu berücksichtigen ist. Verwirklicht ist dieses Postulat in den gesetzlichen Regelungen zur Konzernhaftung in § 302 AktG (Vertragskonzern), § 311 AktG (faktischer Konzern) und § 322 AktG (Eingliе-

---

[44] *Rümker*, ZGR 1988, S. 503; ähnlich *Wiedemann*, ZIP 1986, S. 1297 mit der Vorstellung der Folgeverantwortung des kreditgebenden Gesellschafters.

[45] Vgl. dazu *Wiedemann*, Gesellschaftsrecht I, S. 543; *Immenga*, Die personalistische Kapitalgesellschaft, S. 118; *C. Fischer*, GmbH, S. 100; *Eucken*, Wirtschaftspolitik, S. 280; *Grossfeld*, Aktiengesellschaft, S. 105.

derungskonzern)[46]. Die differenzierende Betrachtung des BGH beschränkt sich aber auf die gesetzestypischen Mitbestimmungsrechte der Gesellschafter. Für die Kommanditisten der Publikumspersonengesellschaften und die Gesellschafter der GmbH bedeutet dies, daß sie aufgrund der gewählten Rechtsform ihrer Gesellschaft als unternehmerisch Beteiligte zu behandeln sind und die Verantwortung für eine ordnungsgemäße Finanzierung ihrer Gesellschaft tragen. Üben Dritte auf die Gesellschaft wie Gesellschafter unternehmerischen Einfluß aus, so sind auch sie in gleicher Weise finanzierungsverantwortlich. Die Rechtsordnung kann es grundsätzlich nicht hinnehmen, daß jemand sich den der Haftungsbeschränkung korrespondierenden zwingenden Einstandspflichten entzieht, andererseits aber durch die Einräumung weitgehender Mitbestimmungsrecht in ähnlicher Weise wie ein Gesellschafter Einfluß auf die Gesellschaft nehmen kann[47].

c) Tatbestandsmäßige Finanzierungsleistungen

Die nach § 32a GmbHG tatbestandsmäßgen Finanzierungshandlungen sind die eigentliche Darlehensgewähr (§ 32a Abs. 1 GmbHG), die Bestellung von Sicherheiten für Darlehen Dritter (§ 32a Abs. 2 GmbHG) und alle Rechtshandlungen, die wirtschaftlich einem Gesellschafterdarlehen entsprechen (§ 32a Abs. 3 GmbHG). In der Diskussion um die GmbH-rechtliche Eigenkapitalersatzregelung nimmt die Frage nach dem Begriff des Gesellschafterdarlehens breiten Raum ein. Einigkeit besteht insofern, als daß der Begriff im Hinblick auf § 32 Abs. 3 GmbHG weit auszulegen ist[48]. Ausgehend von dem Ziel der Kapitalersatzhaftung, durch Ausschluß von Umgehungsmöglichkeiten einen möglichst umfassenden Gläubigerschutz zu gewährleisten, wird als Gesellschafterdarlehen i.S.v. § 32a Abs. 3 GmbHG alles verstanden, was anstelle von an sich nötigem Eigenkapital der Gesellschaft mit dem Recht auf Rückforderung gewährt wird[49].

Die Rechtsprechung zu den Publikumspersonengesellschaften mit gesplitteter Einlage hatte sich bislang nur mit Kommanditistendarlehen und stillen Beteiligungen zu beschäftigen. Fälle, in denen die Kommanditisten Sicherheiten für Darlehen Dritter zu bestellen oder sonstige Finanzierungsleistungen zu erbringen hatten, wurden noch nicht entschieden. Parallelitäten der Rechtspre-

---

[46] Vgl. dazu *Rümker*, ZGR 1988, S. 502.

[47] So ausdrücklich BGH NJW 1985, 1080; vgl. auch *Canaris*, FS Fischer, S. 58.

[48] *Rowedder*, GmbHG, § 32a, Rn. 23; Baumbach/*Hueck*, GmbHG, § 32a, Rn. 28; Hachenburg/*Ulmer*, GmbHG, §§ 32a/32b, Rn. 82; *Roth*, GmbHG, § 32a, Anm. 5.1.

[49] So die Umschreibung von *Rowedder*, GmbHG, § 32a, Rn. 23; ähnlich auch *v. Gerkan*, GmbHR 1990, S. 386; *K. Schmidt*, Gesellschaftsrecht, S. 964 verlangt die auf der Passivseite der Gesellschaftsbilanz feststellbare Bereitstellung von Fremdkapital anstelle von Eigenkapital; ebenso *Rowedder*, aaO., Rn. 28.

chung zur GmbH-rechtlichen Praxis sind deshalb nur sehr beschränkt aufzuzeigen.

Betrachtet man jedoch die Argumentation für die eigenkapitalgleiche Behandlung formeller Fremdmittel und den Zweck der Kapitalersatzhaftung in beiden Systemen, so zeigt sich, daß die fehlenden entsprechenden Entscheidungen bei den Publikumspersonengesellschaften nicht auf dogmatischen Unterschieden beruhen, so daß bei entsprechenden Fallkonstellationen ähnliche Sanktionen durch die Rechtsprechung auch bei den Publikumspersonengesellschaften mit gesplitter Einlage zu erwarten sind.

Bei der GmbH und der GmbH & Co. KG werden Gesellschafterleistungen wie haftendes Eigenkapital behandelt, weil sie Eigenkapital ersetzen, d.h. anstelle einer an sich erforderlichen Eigenkapitalzufuhr erbracht werden. In Betracht kommen Leistungen, die sich die Gesellschaft ohne ihre Bereitstellung durch Dritte unter Einsatz eigener Mittel hätten beschaffen müssen[50] bzw. der Nichtabzug von bereits gewährten Fremdmitteln[51]. Bei den Publikumspersonengesellschaften mit gesplitteter Einlage werden die formellen Fremdleistungen wie Eigenkapital behandelt, weil sie die Funktion von Eigenkapital haben[52]. Die wesentlichen Funktionen des Eigenkapitals sind seine Haftungsfunktion zugunsten der Drittgläubiger und sein Beitrag zur Aufrechterhaltung des Geschäftsbetriebes[53]. Auf den Beitrag zur Aufrechterhaltung des Geschäftsbetriebes stellt der BGH ab, wenn er in der Entscheidung zur Eigenkapitalqualifikation einer stillen Beteiligung eines Nicht-Kommanditisten seine Begründung maßgeblich auf die Notwendigkeit der stillen Einlagen zur Erreichung des Gesellschaftszwecks stützt[54]. Leistungen die zur Erreichung des Gesellschaftszwecks erforderlich sind, stellen einen Beitrag zur Aufrechterhaltung des Geschäftsbetriebes dar und ersetzen in dieser Situation ansonsten erforderliches Eigenkapital[55]. Im Ergebnis können deshalb alle Leistungen, die die Rechtsprechung im GmbH-Recht als kapitalersetzend anerkannt hat, bei Publikumspersonengesellschaften als Teil des Kommanditistenbeitrages Eigenkapitalfunktion haben.

---

[50] Solche Leistungen sind Sachdarlehen und Gebrauchsüberlassungen wie Miete und Pacht; wohl aber auch stille Einlagen, die an Stelle von Eigenkapital für Ausgaben verwendet werden.

[51] Darunter fallen das Stehenlassen von Leistungen nach Eintritt der Voraussetzungen für den eigenkapitalersetzenden Charakter, auch Stundungen (BGHZ 76, 326, 329; 81, 252, 253, 263, OLG Celle DB 1977, 1839; Baumbach/*Hueck*, GmbHG, § 32a, Rn. 35 m.w.N).

[52] BGHZ 93, 159, 164; 104, 33, 39; BGH NJW 1980, 1523; NJW 1981, 2252; NJW 1985, 1079 f.

[53] *K. Schmidt*, Gesellschaftsrecht, S. 419; *Vornbaum*, Finanzierung der Betriebe, S. 35 f.

[54] In BGH NJW 1985, 1079 betont der BGH die Funktion des Eigenkapitals als Haftungsmasse, die den außenstehenden Gläubigern zur Verfügung zu stehen habe. Stille Einlagen werden in dieser Entscheidung u.a deswegen wie haftendes Eigenkapital behandelt, weil sie laut Gesellschaftsvertrag Teil der „zur Verwirklichung des Gesellschaftszwecks erforderlichen Mittel" seien.

[55] Im Ergebnis ähnlich *Joost*, ZGR 1987 S. 373, nach dessen Ansicht Eigenkapitalcharakter das gleiche bedeutet wie die Beurteilung, ein Darlehen sei eigenkapitalersetzend.

Die für die Auslösung der Kapitalersatzhaftung maßgeblichen Tatbestände entsprechen sich im GmbH-Recht und in der Rechtsprechung zu den Publikumspersonengesellschaften mit gesplitteter Einlage insoweit, als sie solche Leistungen erfassen, die zur Aufrechterhaltung des Geschäftsbetriebes notwendig sind und die ansonsten ohne die Zuführung von Eigenkapital von der Gesellschaft nicht zu erlangen wären. Wie bei der GmbH-rechtlichen Kapitalersatzhaftung kann es auch bei Publikumspersonengesellschaften mit gesplitteter Einlage keinen Unterschied machen, ob die Gesellschafter Kapital in Form von Darlehen bzw. stillen Beteiligungen zur Verfügung stellen oder ob sie der Gesellschaft Gebrauchsgüter oder Rechte zur Nutzung überlassen.

Zwingende Voraussetzung für die Quasi-Eigenkapitalqualifikation von formellen Gesellschafter-Fremdmitteln ist jedoch im Anwendungsbereich der GmbH-rechtlichen Kapitalersatzvorschriften wie auch bei den Publikumspersonengesellschaften mit gesplitteter Einlage, daß der Gesellschafter eine zurechenbare Finanzierungsentscheidung trifft. Bei der Bereitstellung von eigenkapitalersetzenden bzw. eigenkapitalgleichen Leistungen ist dies unproblematisch. Beim Nichtabzug von Fremdmitteln, die ursprünglich keinen eigenkapitalersetzenden Charakter bzw. nicht die Funktion von Eigenkapital hatten muß der Gesellschafter die rechtliche Möglichkeit gehabt haben, seine Kapitalleistung zu kündigen oder sie notfalls durch Auflösung der Gesellschaft abzuziehen[56].

d) Eigenkapitalcharakter bzw. Eigenkapitalfunktion der Leistung

Der Eigenkapitalcharakter bzw. die Eigenkapitalfunktion der Gesellschafterfremdmittel sind sowohl nach der GmbH-rechtlichen Kapitalersatzregelung als auch nach der Rechtsprechung des BGH zu den Publikumspersonengesellschaften mit gesplitteter Einlage die zentralen Voraussetzungen dafür, daß formelle Fremdmittel, die ansonsten auch von den Gesellschaftern zulässigerweise der Gesellschaft zur Verfügung gestellt werden können, materiell wie haftendes Eigenkapital behandelt werden. Liegen diese Voraussetzungen nicht vor, so dürfen die Gesellschafter-Gläubiger nicht schlechter als die außenstehenden Drittgläubiger gestellt werden[57].

Nach § 32a Abs. 1 GmbHG richtet sich die eigenkapitalersetzende Qualifikation von Gesellschafterfremdmittteln nach dem Finanzierungsverhalten ordentlicher Kaufleute. Dieses auslegungsbedürftige Kriterium wurde aufbauend auf den vorher entwickelten BGH-Regeln zum Eigenkapitalersatz dahingehend

[56] BGH NJW 1991, 357; NJW 1992, 817; BGHZ 121, 31, 36; *v. Gerkan/Hommelhoff*, Kapitalersatz, S. 139.

[57] BGHZ 76, 326, 330; *Lutter/Hommelhoff*, ZGR 1979, S. 38 Fn. 21; *H. P. Westermann*, GmbHR 1979, S. 220.

präzisiert, daß die Fremdleistungen der Gesellschaft im Stadium der Kreditunwürdigkeit gewährt wurden, d.h. zu einem Zeitpunkt, da sie den zur Fortführung ihrer Geschäftstätigkeit notwendigen Kapitalbedarf von dritter Seite zu marktüblichen Bedingungen nicht hätte erhalten können[58].

Bei den Publikumspersonengesellschaften hat die Feststellung der Eigenkapitalfunktion der formellen Fremdmittel zwei zentrale Voraussetzungen. Die Fremdmittelleistung durch die Kommanditisten muß als echter Gesellschafterbeitrag gesellschaftsvertraglich vereinbart[59] und zur Erreichung des Gesellschaftszwecks erforderlich sein[60].

Der Wortlaut des § 32a Abs. 1 GmbHG und seine Auslegung durch Rechtsprechung und Literatur weisen auf den ersten Blick keine offensichtlichen Parallelen mit den Tatbestandsvoraussetzungen der Rechtsprechung für die Feststellung der Eigenkapitalfunktion bei Publikumspersonengesellschaften mit gesplitteter Einlage auf. Eine genauere Betrachtung der jeweiligen Argumentation ergibt jedoch, daß beide Modelle grundsätzlich auf den gleichen Überlegungen beruhen und sich auch bezüglich der Tatbestandsvoraussetzungen für die Feststellung von Eigenkapitalfunktion bzw. Eigenkapitalcharakter weitgehend entsprechen.

aa) Erforderlichkeit für die Erreichung des Gesellschaftszwecks

Übereinstimmungen ergeben sich zunächst für das vom BGH für die Quasi-Eigenkapitalbehandlung von formellen Fremdmitteln aufgestellte Tatbestandsmerkmal der Unerläßlichkeit der Fremdmittel zu Erreichung des Gesellschaftszwecks[61] mit der GmbH-rechtlichen Tatbestandsvoraussetzung der Notwendigkeit zur Aufrechterhaltung der Geschäftstätigkeit[62].

Zwischen der Aufrechterhaltung der Geschäftstätigkeit und der Erreichung des Gesellschaftszwecks besteht ein unverkennbarer Zusammenhang. Art und

[58] BGHZ 76, 326, 330; 81, 252, 255; 81, 311, 317 f; 81, 365, 366 f; 90, 390; ähnlich auch BGH NJW 1985, 2719; WM 1986, 447; OLG Hamburg ZIP 1980, 911; DB 1987, 1778 f. Zustimmend aus der Literatur Baumbach/*Hueck*, GmbHG, § 32a, Rn. 43; *Lutter/Hommelhoff*, ZGR 1979, S. 39 ff; *K. Schmidt*, ZGR 1980, S. 572.

[59] Kritisch zur Tatbestandsvoraussetzung der gesellschaftsvertraglichen Verpflichtung *Lutter/Hommelhoff*, GmbHG, §§ 32 a/b, Rn. 13, die wegen sonst bestehender Umgehungsmöglichkeiten darin nur ein Indiz für die materielle Eigenkapitalfunktion sehen.

[60] BGHZ 70, 61, 63; 104, 33, 41; BGH LM Nr. 6 zu § 149 HGB; BGH NJW 1980, 1522; NJW 1981, 2252.

[61] BGHZ 70, 61, 63; 104, 33, 41; BGH LM Nr. 6 zu § 149 HGB; BGH NJW 1980, 1523; NJW 1981, 2251; NJW 1985, 1079;

[62] BGHZ 76, 326, 330; 81, 252, 255; 90, 381, 390; NJW 1985, 2719; WM 1986, 447; Scholz/*K. Schmidt*, GmbHG, §§ 32a, 32b, Rn. 37; vgl. i.ü. die Nachweise bei Baumbach/*Hueck*, GmbHG, § 32a, Rn. 43.

Umfang der Geschäftstätigkeit werden vom Gesellschaftszweck bestimmt. Ohne die Aufrechterhaltung der Geschäftstätigkeit kann der Gesellschaftszweck nicht erreicht werden. Das gilt sowohl für Gesellschaften, die nur ein einziges Projekt realisieren wollen, als auch für auf Dauer angelegte Gesellschaften, deren Zweck in der fortlaufenden Erzielung von Gewinnen besteht. Da deshalb die Aufrechterhaltung der Geschäftstätigkeit immer der Erreichung des Gesellschaftszwecks dient, ist die Tatbestandsvoraussetzung der Notwendigkeit der Gesellschaftermittel zur Erreichung des Gesellschaftszweck sowohl nach der GmbH-rechtlichen Kapitalersatzregelung, als auch nach der Rechtsprechung zu den Publikumspersonengesellschaften mit gesplitteter Einlage Voraussetzung für die Umqualifizierung formeller Fremdmittel in haftendes Eigenkapital.

bb) Krisenfinanzierung

Neben der Erforderlichkeit der Gesellschafterfremdmittel zur Fortführung der Geschäftstätigkeit erfordern die GmbH-rechtlichen Kapitalersatzregeln, daß die Kapitalleistungen zu einem Zeitpunkt gewährt werden, in dem die Gesellschaft kreditunwürdig war, d.h. die notwendigen Mittel zu marktüblichen Bedingungen von dritter Seite nicht hätte erhalten können.

Bei den Publikumspersonengesellschaften mit gesplitteter Einlage beschränkt der BGH die Tatbestandsvorausetzungen für die Quasi-Eigenkapitalbehandlung der Gesellschafterleistungen auf deren gesellschaftsvertraglich vereinbarte Bereitstellung und deren Unabdingbarkeit für die Erreichung des Gesellschaftszwecks. Auf die finanzielle Lage der Gesellschaft im Zeitpunkt der Kapitalleistung geht die Rechtsprechung nicht ein, zumal in den bislang entschiedenen Fällen die Finanzleistungen der Gesellschafter ausschließlich von Anfang an bereitzustellen waren.

Die Tatbestandsvoraussetzung der Krisenfinanzierung im GmbH-Recht scheint daher für die Rechtsprechung zu den Publikumspersonengesellschaften keine Bedeutung zu haben. Dennoch lassen sich für beide Finanzierungssituationen wesentliche Übereinstimmungen aufzeigen.

Nachdem schon festgestellt wurde, daß in beiden Systemen die Kapitalleistungen der Gesellschafter der Erreichung des Gesellschaftszwecks dienen, handelt es sich außerdem in beiden Fällen um Finanzierungsleistungen, die von dritter Seite, zumindest zu marktüblichen Konditionen, nicht zu erhalten waren. Bei den Publikumspersonengesellschaften beruht dies zwar nicht auf einer akuten Finanzkrise der Gesellschaft, aber auf einer ohne die Einbeziehung der formellen Gesellschafterfremdmittel unzureichenden Eigenkapitalausstattung. Es liegt daher nahe, von einer anfänglichen Krise der Gesellschaft zu sprechen, falls der zur Aufnahme der Geschäftstätigkeit erforderliche Kapitalbedarf nicht von den Gesellschaftern aufgebracht wird[63]. Könnte die Gesellschaft den erforderlichen Kapitalbedarf auch durch die Aufnahme von Fremdmitteln bei Dritten decken, so könnte der BGH wohl kaum von einer Unerläßlichkeit gerade der von den Gesellschaftern aufgebrachten Fremdmittel zur Erreichung des Gesellschaftszwecks sprechen[64].

Übereinstimmungen weisen auch die Indizien auf, die die Rechtsprechung bei den GmbH-rechtlichen Regelungen für die Kreditunwürdigkeit entwickelt hat, mit denen, die nach Ansicht des BGH auf die Eigenkapitalfunktion der Gesellschafterfremdmittel bei Publikumspersonengesellschaften mit gesplitteter Einlage hinweisen. In beiden Fällen sprechen für die eigenkapitalersetzende Funktion die Verknüpfung von Mitgliedschaft und Laufzeit bzw. sehr lange oder unbeschränkte Laufzeiten. Ebenso ist eine besonders niedrige bzw. überhaupt keine Verzinsung ein Indiz gegen die Gleichbehandlung von formellem Fremdkapital aus Gesellschafterhand mit normalem Fremdkapital[65].

cc) Rechtsgrund der Finanzierungsleistung

Für die Umqualifizierung formeller Fremdmittel in materielles Eigenkapital bei den Publikumspersonengesellschaften mit gesplitteter Einlage ist nach der Rechtsprechung erforderlich, daß es sich bei der Erbringung der Finanzierungsleistung um eine „gesellschaftliche Pflicht" der Gesellschafter handelt[66]. Das Tatbestandsmerkmal der „gesellschaftlichen Pflicht" wird nach dem derzeitigen Stand von Rechtsprechung und Literatur in dem Sinne verstanden, daß sich alle Gesellschafter im Gesellschaftsvertrag gleichermaßen zur Übernahme der Finanzierungsleistung aufgrund ihrer Gesellschafterstellung verpflichten[67].

---

[63] Ähnlich auch OLG Hamburg ZIP 1986, 1118; vgl. dazu auch *Hommelhoff/Kleindiek*, FS 100 Jahre GmbHG, S. 442.

[64] Vgl. BGH NJW 1980, 1523; NJW 1981, 2252; BGHZ 104, 33, 41. Wenn der BGH dort davon spricht, daß die gesellschaftsvertraglich festgelegten Ziele nicht verwirklicht werden könnten, wenn die Gesellschafterfremdmittel nicht als Eigenkapital zur Verfügung stünden, dann doch wohl nur deshalb, weil der erforderliche Kapitalbedarf von dritter Seite, zumindest zu marktüblichen Konditionen nicht befriedigt werden kann.

[65] Für die GmbH-rechtlichen Regelungen vgl. Baumbach/*Hueck*, GmbHG, § 32a, Rn. 47; Hachenburg/*Ulmer*, GmbHG, §§ 32a, b, Rn. 54 ff.; *Wiedemann*, Gesellschaftsrecht I, S. 570; *v. Gerkan*, GmbHR 1986, S. 220; *D. Mayer*, BB 1990, S. 1937 f; zurückhaltender Scholz/*K. Schmidt*, GmbHG, §§ 32a, 32b, Rn. 37. Für die Publikumspersonengesellschaften mit gesplitteter Einlage vgl. die ausführliche Aufzählung der Indizien in BGHZ 104, 33, 41.

[66] So BGHZ 70, 61, 63.

[67] BGHZ 70, 61, 63; 93, 159, 161; BGH LM Nr. 6 zu § 149 HGB,; BGH NJW 1981, 2251; *v. Falkenhausen* in Münchener Handbuch des Gesellschaftsrechts Band 2, KG § 14, Rn. 20, der jedoch lediglich von einer Vermutungswirkung der gesellschaftsvertraglichen Verpflichtung spricht; *K. Schmidt*, FS Goerdeler, S. 496; im Ergebnis ebenso *Grunewald*, Gesellschaftsrecht, S. 134; *Mundry*, Darlehen und stille Einlagen, S. 115; *Michel*, Eigenkapitalersetzende Gesellschafterleistungen, S. 206.

Die GmbH-rechtlichen Bestimmungen verlangen dagegen keine bestimmte causa für die Gewähr eigenkapitalersetzender Gesellschafterleistungen[68]. Es ist insbesondere für die Beurteilung des eigenkapitalersetzenden Charakters einer Gesellschafterleistung rechtlich unerheblich, ob diese aufgrund einer gesellschaftsvertraglichen Verpflichtung oder einer Individualvereinbarung erfolgt und ob sie bei Gesellschaftsgründung oder später vereinbart worden ist.

Mit dem Erfordernis einer gesellschaftsvertraglichen Finanzierungsvereinbarung stellen sich die Tatbestandsvoraussetzungen für die Umqualifizierung von formellem Fremdkapital bei den Publikumspersonengesellschaften enger dar als bei den Kapitalgesellschaften. Es ist jedoch zu untersuchen, ob dies dogmatische Gründe hat oder nur daran liegt, daß die bisherigen Entscheidungen zu den Publikumspersonengesellschaften mit gesplitteter Einlage ausschließlich Fälle betrafen, in denen sich die Gesellschafter einheitlich im Gesellschaftsvertrag zur Übernahme einer bestimmten Finanzierungsleistung verpflichtet hatten. Für eine dogmatische Begründung der weiteren GmbH-rechtlichen Regelung würde es sprechen, wenn sich aus der bisherigen Argumentation des BGH zur Quasi-Eigenkapitalqualifikation formeller Fremdmittel bei Publikumspersonengesellschaften mit gesplitteter Einlage Anhaltspunkte dafür ergeben würden, daß die Finanzierungsabreden, die nach den GmbH-rechtlichen Regelungen als eigenkapitalersetzende Gesellschafterdarlehen in den Anwendungsbereich der §§ 30 ff. GmbHG fallen können, bei Publikumspersonengesellschaften grundlegend anders zu behandeln sind und daher nicht dem haftenden Eigenkapital gleichgestellt werden können. Die neben einer gesellschaftsvertraglichen Verpflichtung aller Gesellschafter möglichen Rechtsgründe für die Erbringung von Fremdkapitalleistungen durch Gesellschafter sollen daher im folgenden auf ihre Behandlung bei Publikumspersonengesellschaften mit gesplitteter Einlage hin untersucht werden.

(1) Einzelvertragliche Finanzierungsvereinbarungen mit allen Gesellschaftern

Die einzelvertragliche Darlehensgewähr durch einen Gesellschafter ist der Standardfall der gesetzlichen Regelung, die bei Vorliegen der weiteren Voraussetzungen nach § 32a GmbHG zur Kapitalersatzhaftung im GmbH-Recht führt. Eine einzelvertraglich vereinbarte Finanzierungsleistung bei einer Publikumspersonengesellschaft ist der Rechtsprechung bisher nicht zur Entscheidung vorgelegt worden. In einem solchen Fall wäre das von der bislang herrschenden Meinung aufgestellte Erfordernis einer gesellschaftsvertraglichen Verpflichtung jedenfalls nicht erfüllt.

---

[68] Baumbach/*Hueck*, GmbHG, § 32a, Rn. 29; Scholz/*K. Schmidt*, GmbHG, §§ 32a, 32b, Rn. 27; *Rowedder*, GmbHG, § 32a, Rn. 2.

Wäre die gesellschaftsvertragliche Verpflichtung der Gesellschafter zur Übernahme von Finanzierungsleistungen durch formelles Fremdkapital zwingende Tatbestandsvoraussetzung für die Umqualifizierung dieser Mittel in haftendes Eigenkapital, so könnten sich die Gesellschafter dieser Haftung auf einfachem Wege durch den Abschluß von Einzelverträgen entziehen[69]. Es scheint jedoch angesichts der gläubigerschützenden Zielrichtung der Rechtsprechung zu den Publikumspersonengesellschaften mit gesplitteter Einlage[70] fraglich, ob der BGH den Gesellschaftern diese Möglichkeit offenhalten wollte.

Die Privilegierung der Gesellschafter von Publikumspersonengesellschaften könnte sich als Folge des Prinzips darstellen, daß es bei den Personengesellschaften ein den Gläubigern in Aufbringung und Erhalt garantiertes Eigenkapital nicht gibt[71]. Bereits erbrachte Gesellschaftereinlagen können jederzeit wieder entnommen werden. § 172 Abs. 4 HGB spricht insofern kein Rückzahlungsverbot aus, sondern hebt lediglich die Haftungsbefreiung auf, die der Kommanditist durch die Leistung seiner Einlage nach § 171 Abs. 1 HGB erlangt hat[72]. Deshalb kann es grundsätzlich auch keine Eigenkapitalersatzhaftung geben. Wenn schon das formelle Eigenkapital nicht in seinem Bestand geschützt ist, so könnte man die Ansicht vertreten, daß formelles Fremdkapital dann erst recht nicht stärker an das Gesellschaftsvermögen gebunden sein kann[73]. Es steht den Gesellschaftern von Personengesellschaften deshalb auch grundsätzlich frei, ihrer Gesellschaft Darlehen zu gewähren und sie jederzeit wieder abzuziehen oder stille Beteiligungen zu übernehmen, die im Konkursfall nach § 236 Abs. 1 HGB zur Konkurstabelle angemeldet werden können. Eine Haftung nach den Regeln über den Kapitalersatz könnte aber dann einschlägig sein, wenn die Gesellschafter einen atypischen Vertrauenstatbestand geschaffen haben. Dies würde dem dogmatischen Ansatz der Kapitalersatzhaftung entsprechen, nachdem es sich im Grunde um ein Verbot des *venire contra factum proprium* handelt[74]. Stellt sich das von den Gesellschaftern aufgebrachte Fremdkapital nach der rechtlichen Ausgestaltung der Überlassungsbedingungen wie materielles Eigenkapital dar, so könnte in der gesellschaftsvertraglichen Verpflichtung aller Gesellschafter ein solcher Vertrauenstatbestand gesehen werden, da mit dieser Vorgehensweise die besondere Verbindung von Finanzierungsleistung und Gesellschafterstellung zum Ausdruck gebracht würde. Nach dieser Sichtweise wäre eine Anwendung der Rechtsprechungsgrund-

---

[69] Ebenso im Ergebnis für die Finanzplankredite *Lutter/Hommelhoff*, GmbHG, §§ 32a/b, Rn. 13.

[70] Vgl. dazu schon oben S. 50 f.

[71] So auch BGHZ 60, 324, 327 f.

[72] Vgl. *Huber*, ZGR 1988, S. 16; im Ergebnis ebenso *K. Schmidt*, Einlage und Haftung, S. 37; *ders.* FS Goerdeler, S. 498.

[73] In diesem Sinne auch *K. Schmidt*, FS Goerdeler, S. 498; Zu den strengen Voraussetzungen für eine Verweigerung der Rückzahlung von Darlehen der Kommanditisten einer Publikums-KG vgl. auch OLG Hamburg, GmbHR 1983, S. 70 ff.

[74] Vgl. dazu schon oben S. 50 f.

sätze auf einzelvertraglich vereinbarte Finanzierungsleistungen der Gesellschafter von Publikumspersonengesellschaften abzulehnen.

Die Argumentation der Rechtsprechung baut jedoch im wesentlichen auf der materiellen Eigenkapitalfunktion der formellen Fremdmittel auf, die von Gesellschaftern aufgebracht werden[75]. Entsprechen die einzelvertraglich vereinbarten Fremdmittel im übrigen den Anforderungen der Rechtsprechung an die Feststellung der materiellen Eigenkapitalfunktion, so sind keine Gründe dafür ersichtlich, die Quasi-Eigenkapitalhaftung dieser Fremdmittel an der individualvertraglichen Vereinbarung scheitern zu lassen. Die Funktion von Gesellschaftskapital wird nicht durch die Form der getroffenen Vereinbarung, sondern durch deren Inhalt und die sich daraus ergebenden Bestimmungen über Verzinsung, Kündigung und Rückzahlbarkeit festgelegt. Die gesellschaftsvertragliche Vereinbarung bringt im wesentlichen zum Ausdruck, daß alle Gesellschafter in der gleichen Weise zur Bereitstellung von formellem Fremdkapital verpflichtet sind[76]. Erfolgt diese Verpflichtung im Wege einzelvertraglicher Abreden, so ändert dies nichts an den tatsächlichen Verhältnissen, nach denen die materielle Eigenkapitalfunktion zu beurteilen ist. Die Schaffung schutzwürdigen Vertrauens liegt nicht in der gesellschaftsvertraglichen Vereinbarung, sondern in der Verpflichtung der Gesellschafter formelles Fremdkapital zu Bedingungen zur Verfügung zu stellen, die dieses im Ausmaß seiner Bindung an das Gesellschaftsvermögen dem formellen Eigen- oder Stammkapital gleichstellen. Die Gläubiger einer Publikumspersonengesellschaft dürfen dann darauf vertrauen, daß ihnen dieses Kapital über die unbeschränkte persönliche Haftung des Komplementäres und die beschränkte persönliche Haftung der Kommanditisten hinaus im Konkursfall zur Befriedigung ihrer Ansprüche zusteht.

Die gleiche Verpflichtung aller Gesellschafter ist lediglich ein Anzeichen dafür, daß die Fremdmittelgewähr nicht auf einer schuldrechtlichen Grundlage beruht, sondern in direktem Zusammenhang mit der Gesellschaftereigenschaft des Gläubigers, bzw. stillen Gesellschafters steht. Es sind keine Gründe dafür ersichtlich, daß eine solche Vereinbarung nicht auch einzelvertraglich mit allen Gesellschaftern geschlossen werden kann, ohne den gesellschaftlichen Charakter der Kapitalgewähr auszuschließen.

---

[75] Ausdrücklich und bezugnehmend auf die ständige Rechtsprechung zu den Publikumspersonengesellschaften mit gesplitteter Einlage BGHZ 104, 33, 39.

[76] Der BGH nimmt bei seinen Ausführungen zur gesellschaftsvertraglichen Verpflichtung anfangs ausdrücklich darauf Bezug, daß alle Gesellschafter in der gleichen Weise verpflichtet werden: BGHZ 70, 61, 63; BGH LM Nr. 6 zu § 149 HGB; BGH NJW 1981, 2251; Es erscheint bei den Publikumspersonengesellschaften mit gesplitteter Einlage schon aus praktischen Gründen sinnvoll, diese Verpflichtung in den Gesellschaftsvertrag mitaufzunehmen.

(2) Nachträgliche Finanzierungsvereinbarungen

Die gesellschaftsvertragliche Verpflichtung der Gesellschafter von Publikumspersonengesellschaften zur Aufbringung von formellen Fremdkapitalleistungen führt in der Regel dazu, daß diese Mittel bereits bei Aufnahme der Geschäftstätigkeit bereitzustellen sind. Sie gehören mithin zum Anfangskapital der Publikumspersonengesellschaften mit gesplitteter Einlage. Fälle nachträglicher Finanzierungsvereinbarungen bei Publikumspersonengesellschaften mit gesplitteter Einlage sind bislang nicht bekannt geworden.

Die GmbH-rechtlichen Regelungen sehen keinen bestimmten Zeitpunkt vor, in dem die Finanzierungsvereinbarung oder -bereitstellung stattzufinden hat, damit von einer eigenkapitalersetzenden Finanzierung gesprochen werden kann. Für die Anwendung der §§ 32a, 32b GmbHG ist bezüglich des Zeitpunktes der Finanzierungsleistung lediglich erforderlich, daß sich die Gesellschaft in der Krise befand[77].

Es ist jedoch schon nachgewiesen worden, daß das Kriterium der Krisenfinanzierung weitgehend die gleiche Bedeutung hat wie das der Erforderlichkeit der Gesellschafterfremdmittel zu Erreichung des Gesellschaftszwecks[78]. Dann kann es jedoch nicht auf den Zeitpunkt der Finanzierungsvereinbarung ankommen. Die erforderliche Eigenkapitalfunktion übernehmen die Fremdmittel dann, wenn ohne sie die Fortsetzung der Geschäftstätigkeit nicht möglich ist. Dies kann auch schon zu Beginn des Gesellschaftsverhältnisses der Fall sein, so daß es gar nicht erst zur Aufnahme der Geschäftstätigkeit kommt. Von einer Krisenfinanzieung im eigentlichen Sinne kann zwar nur bei einer nachträglichen Vereinbarung gesprochen werden, es sind jedoch auch anfängliche Fremdkapitalleistungen als Krisenfinanzierungen in dem Sinne zu verstehen, daß ohne sie der Eintritt einer Krise unvermeidlich wäre.

Von ihrer Funktion als Eigenkapital her betrachtet, bestehen deshalb zwischen anfänglich und nachträglich bereitgestellten Fremdmitteln keine wesentlichen Unterschiede, so daß es für die eigenkapitalersetzende Qualifikation von Gesellschafterfremdmitteln nicht auf die Frage einer anfänglichen oder nachträglichen Finanzierungsvereinbarung ankommen kann[79].

(3) Finanzierungsvereinbarungen mit einzelnen Gesellschaftern

Es wurde bereits festgestellt, daß im Anwendungsbereich der Novellen-Regeln und der Rechtsprechungsregeln zum Kapitalersatz bei der GmbH kein

---

[77] Vgl. dazu oben S. 99 f.

[78] Vgl. dazu schon oben S. 98 f.

[79] Im Ergebnis ebenso *Priester*, DB 1991, S. 1921.

Unterschied besteht zwischen Finanzierungsleistungen, die nur von einem Gesellschafter erbracht werden und solchen, die von allen Gesellschaftern übernommen werden[80].

Finanzierungsleistungen nur einzelner Gesellschafter entsprechen nicht dem Modell der Publikumspersonengesellschaft mit gesplitteter Einlage. Die Rechtsprechung hatte sich mit einem solchen Fall auch noch nicht auseinanderzusetzen. Dennoch wäre es denkbar, daß ein Gesellschafter über die von allen Gesellschaftern zu erbringende Finanzierungsleistung hinaus, der Gesellschaft ein Darlehen gewährt oder eine stille Beteiligung an ihr übernimmt. Ebenso ist der Fall vorstellbar, daß die Gesellschafter einer Publikumspersonengesellschaft keine formellen Fremdkapitalleistungen erbringen und lediglich einer der Gesellschafter durch Gewährung eines Darlehens oder der Übernahme einer stillen Beteiligung der Gesellschaft das benötigte Kapital verschafft. Zu untersuchen ist deshalb, ob eine solche Finanzierungsleistung bezüglich einer möglichen Quasi-Eigenkapitalqualifizierung anders zu beurteilen ist als Kapitalleistungen, die von allen Gesellschaftern aufgrund von Einzelverträgen erbracht werden.

Die entscheidende Bedeutung der Eigenkapitalfunktion für die Umqualifizierung formellen Fremkapitals in materielles Eigenkapital ist auch bei der Beurteilung von Finanzierungsleistungen einzelner Kapitalgeber an Publikumspersonengesellschaften mit gesplitteter Einlage zu berücksichtigen. Es sind keine zwingenden Gründe ersichtlich, bei Finanzierungsleistungen einzelner Kapitalgeber an Personengesellschaften deren Eigenkapitalfunktion grundsätzlich auszuschließen, während dies bei Kapitalgesellschaften möglich sein soll. Dies gilt umso mehr, als die einzelvertragliche Gleichstellung bestimmter Finanzierungsleistungen auch bei Personengesellschaften nicht unüblich ist.

Neben der gesetzlichen Umqualifizierung von formellem Fremdkapital in materielles Eigenkapital nach §§ 30 ff. GmbHG können Fremdmittel auch vertraglich durch *Rangrücktrittsvereinbarungen* dem haftenden Eigenkapital gleichgestellt werden. Bei den Kapitalgesellschaften dienen Rangrücktrittsklauseln in erster Linie der Abwendung einer die Konkursantragspflicht auslösenden Überschuldung der Gesellschaft[81]. Erhebliche Bedeutung für die Finanzplanung der Gesellschaft haben sie jedoch auch bei Personengesellschaften mit einem unbeschränkt persönlich haftendem Gesellschafter, bei denen eine Konkursantragspflicht im Fall der Überschuldung nicht besteht[82]. Es ist dem-

---

[80] Vgl. dazu im einzelnen oben S. 62.

[81] *K. Schmidt*, Gesellschaftsrecht, S. 428; *ders.*, FS Goerdeler, S. 500; *Priester*, DB 1977, S. 2429 ff; *ders.* DB 1991, S. 1920. Zur Bilanzierung von Gesellschafterdarlehen ohne Rangrücktrittsklausel s. BGH NJW 1994, 724.

[82] Schlegelberger/*K. Schmidt*, HGB, § 172a, Rn. 55. Die Konkursantragspflicht für Personengesellschaften, bei denen kein Gesellschafter eine natürliche Person ist, ergibt sich schon aus § 130a HGB, der über §§ 161 Abs. 2, 177a HGB auch für die Kommanditgesellschaften gilt; vgl. dazu auch Schlegelberger/*K. Schmidt*, HGB, § 177a, Rn. 3.

nach auch bei Personengesellschaften möglich, die Finanzierungsleistungen einzelner Gesellschafter wie Eigenkapital an das Gesellschaftsvermögen zu binden.

Es würde für die Anwendung der Rehtsprechungsgrundsätze zur Umqualifizierung von formellem Fremdkapital in materielles Eigenkapital bei Publikumspersonengesellschaften mit gesplitteter Einlage auf Finanzierungsleistungen einzelner Gesellschafter sprechen, wenn die Tatbestandsvoraussetzungen einer wirksamen Rangrücktrittsvereinbarung den Kriterien für die Feststellung der Eigenkapitalfunktion nach den Rechtsprechungsgrundsätzen zur gesplitteten Einlage entsprechen würden.

Rechtsprechung und Literatur sind noch nicht zu einheitlichen Anforderungen an den Inhalt einer wirksamen Rangrücktrittserklärung gekommen. Während die Rechtsprechung es für ausreichend erachtet, daß in der Erklärung zum Ausdruck kommt, der Kreditgeber werde seine Mittel in der Gesellschaft belassen, solange diese benötigt werden[83], wird im Schrifttum vertreten, der Gläubiger müsse sich verpflichten, seine Forderung im Konkursverfahren nicht geltend zu machen[84] oder die Erfüllung seiner Forderung erst nach Befriedigung aller Drittgläubiger zu verlangen[85]. Nach anderer Auffassung muß eine Erklärung des Gläubigers vorliegen, eine Tilgung der Forderung solle nur aus Bilanzgewinnen bzw. einem Liquidationserlös erfolgen[86] oder ausschließlich aus einem zukünftigen Gewinn[87].

Gemeinsam ist allen Ansichten, daß die mit einer Rangrücktrittsklausel versehenen Forderungen hinter die der sonstigen Fremdmittelgeber zurücktreten und im Insolvenzfall nicht mit ihnen konkurrieren. Der Haftungsfond zugunsten der sonstigen Drittgläubiger wird somit vergrößert, bzw. durch eine Verpflichtung, Rückzahlungen ausschließlich aus Bilanzgewinnen bzw. dem Liquidationserlös vorzunehmen, nicht geschmälert. Die unterschiedlichen Tatbestandsformulierungen verfolgen alle gleichermaßen den Zweck, Überschuldungssituationen abzuwenden und für die Fortsetzung der Geschäftstätigkeit benötigtes formelles Fremdkapital an das Gesellschaftsvermögen zu binden[88]. Damit übernehmen die mit einem Rangrücktritt versehenen Fremdmittel die Funktion von haftendem Eigenkapital[89].

---

[83] BGH ZIP 1982, 563, 565; vgl. auch OLG Stuttgart, BB 1992, 531.

[84] *Duss*, AG 1974, S. 133; *Uhlenbruck*, Die GmbH & Co. KG in Krise, S. 133.

[85] *Kroppen*, DB 1977, S. 663, 666.

[86] Scholz/*K. Schmidt*, GmbHG, §§ 32a, 32b, Rn. 85; *ders.*, FS Goerdeler, S. 499 f; *ders*, Gesellschaftsrecht, S. 428.

[87] Kölner Kommentar/*Mertens*, AktG, § 92, Rn. 17; *Blumers*, BB 1976, 1443; ähnlich auch *Priester*, DB 1977, S. 2431.

[88] *K. Schmidt*, FS Goerdeler, S. 500; *ders.*, Gesellschaftsrecht, S. 428; ähnlich auch *Priester*, DB 1991, S. 1920; *Hommelhoff/Kleindiek*, FS 100 Jahre GmbHG, S. 443.

[89] *Lutter/Hommelhoff*, ZGR 1979, S. 54 ff; *K. Schmidt*, FS Goerdeler, S. 502; *Hommelhof/Kleindiek*, FS 100 Jahre GmbHG, S. 443; *Knobbe-Keuk*, ZIP 1983, S. 129. Bezüglich der Gleich-

Demnach entsprechen sich Finanzierungsleistungen mit Rangrücktrittsklausel, eigenkapitalersetzende Gesellschafterdarlehen nach den GmbH-rechtlichen Regelungen und die Finanzierungsleistungen der Gesellschafter von Publikumspersonengesellschaften mit gesplitteter Einlage darin, daß sie trotz ihres formellen Fremdkapitalcharakters aufgrund ihrer Eigenkapitalfunktion dem haftenden Eigenkapital gleichgestellt werden.

Teilweise wird die Auffassung vertreten, die durch Rangrücktrittsklausel dem haftenden Eigenkapital gleichgestellen Mittel würden sich dadurch von den gesetzlich gleichgestellten unterscheiden, daß die mit einer Rangrücktrittsklausel versehenen Leistungen jederzeit gekündigt und abgezogen werden könnten[90]. Diese Dispositionsfreiheit ist aber beschränkt durch die Erfordernisse des objektiven Verkehrsschutzes. Mit *Hommelhoff/Kleindiek*[91] stehen diese einer Kündigung bzw. dem Abzug entgegen, wenn die Gesellschaft zur Aufrechterhaltung ihres Geschäftsbetriebes auf die Finanzierungsleistungen angewiesen war und ohne die nachrangigen Fremdmittel keine weiteren Kredite bei Gesellschaftsfremden zu erlangen gewesen wären. Damit können mit einem Rangrücktritt versehene Kapitalleistungen unter den gleichen Voraussetzungen nicht abgezogen werden, die Rechtsprechung und Literatur für die Eigenkapitalfunktion, bzw. den Eigenkapitalcharakter von formellem Fremdkapital im GmbH-Recht bzw. für die Publikumspersonengesellschaften mit gesplitteter Einlage entwickelt haben[92]. Wie bei diesen beiden Kapitalersatzregelungen verbietet der Vertrauensgrundsatz in Form des Verbotes des *venire contra factum proprium* auch bei der Abgabe von Rangrücktrittserklärungen, daß der Fremdmittelgeber seine Mittel unter Berufung auf deren formellen Fremdkapitalcharakter abzieht, wenn diese die Funktion von Eigenkapital haben.

Damit läßt sich festhalten, daß auch Finanzierungsleistungen einzelner Gesellschafter oder Dritter wie haftendes Eigenkaptal behandelt werden können, wenn die vertragliche Ausgestaltung der Finanzierungsleistung den Mitteln die Funktion von Eigenkapital zuweist. Beruht die Finanzplanung einer Gesellschaft auch auf der Aufnahme von formellem Fremdkapital, das aufgrund der getroffenen Vereinbarungen wie Eigenkapital an das Gesellschaftsvermögen gebunden ist, so kann es keinen Unterschied machen, ob diese Mittel von allen Gesellschaftern oder nur von einzelnen Kapitalgebern aufgebracht werden.

---

stellung von stillen Beteiligungen mit haftendem Eigenkapital vgl. Scholz/ *K. Schmidt*, GmbHG, §§ 32a, 32b, Rn. 85.

[90] *K. Schmidt*, FS Goerdeler, S. 502; *Lutter/Hommelhoff*, ZGR 1979, S. 55.

[91] FS 100 Jahre GmbHG, S. 444.

[92] Vgl. dazu ausführlich oben S. 33 ff.

(4) Zusammenfassung und Schlußfolgerung

Die vorangestellten Untersuchungen haben gezeigt, daß es für eine Beschränkung der Umqualifizierung von formellem Fremdkapital in materielles Eigenkapital bei Publikumspersonengesellschaften auf solche Mittel, die von allen Gesellschaftern gesellschaftsvertraglich in der gleichen Weise geschuldet werden, keine Gründe gibt. Gegen dieses Ergebnis spricht auch nicht die von der Rechtsprechung vorgenommene Differenzierung zwischen der gesellschaftlichen und der schuldrechtlichen Finanzierungsvereinbarung. Diese Abgrenzung ist notwendig, da der BGH mehrfach die Zulässigkeit von Gesellschafterfinanzierungen bestätigt hat, die lediglich den normalen schuld- bzw. handelsrechtlichen Regelungen unterworfen sind und nicht dem haftenden Kapital gleichgestellt werden. Die gesellschaftsvertragliche Vereinbarung wurde dabei jedoch zunächst nur in Zweifelsfällen als Tatbestandsmerkmal herangezogen[93]. Wie eine echte Tatbestandsvoraussetzung wurde sie erst im weiteren Verlauf der Rechtsprechung behandelt[94]. Der Zweck der Rechtsprechung zu den Publikumspersonengesellschaften mit gesplitteter Einlage, formelle Fremdmittel mit Eigenkapitalfunktion dem Haftkapital gleichzustellen, würde jedoch vereitelt, würde man die gleichmäßige gesellschaftsvertragliche Verpflichtung aller Gesellschafter zur zwingenden Tatbestandsvoraussetzung machen. Sie ist vielmehr nur ein wichtiges Indiz dafür, daß die gewährten Mittel die Funktion von Eigenkapital haben und daher nicht den normalen Regelungen über die Kündbarkeit, Rückzahlbarkeit und Verzinsung von Darlehen, bzw. stillen Einlagen unterliegen sollen.

Das entscheidende Merkmal für die Umqualifizierung ist nicht die gesellschaftsvertragliche Verpflichtung aller Gesellschafter, sondern die Eigenkapitalfunktion des von den Gesellschaftern oder ihnen gleichgestellten Dritten aufgebrachten formellen Fremdkapitals, die durch Auslegung der getroffenen Vereinbarungen unter Berücksichtigung der bei Vertragsschluß vorliegenden Gesamtumstände festzustellen ist. Gegenstand der Auslegung sind die Bestimmungen, die die Einzelheiten wie Kündigung, Rückzahlbarkeit und Verzinsung der Finanzierungsleistung und deren Bedeutung für die Finanzplanung der Gesellschaft betreffen. Werden die Pflicht zur Bereitstellung von formellem Fremdkapital und die Konditionen für dessen Überlassung im Gesellschaftsvertrag vereinbart, so ist sein Inhalt, neben den sonstigen Umständen bei Vertragsschluß Grundlage für diese Auslegung. Die Tatsache, daß sich alle Kommanditisten in gleicher Weise gesellschaftsvertraglich zur Gesellschaftsfinanzierung mit Fremdmitteln verpflichten, gehört dabei zu den sonstigen Umständen, die für die Eigenkapitalfunktion der Kapitalleistung und damit deren ge-

[93] BGHZ 70, 61, 63; BGH LM Nr. 6 zu § 149 HGB.

[94] So in BGH NJW 1980, 1523; NJW 1981, 2251; BGHZ 104, 33, 40; nicht ganz eindeutig dagegen BGHZ 93, 159, 161

sellschaftlichen Charakter und gegen eine schuldrechtliche Finanzierungsvereinbarung sprechen.

Die gleichmäßige Verpflichtung aller Gesellschafter zur Bereitstellung von formellem Fremdkapital über die eigentliche Einlage hinaus, gehört zu den wesentlichen Merkmalen von Publikumspersonengesellschaften mit gesplitteter Einlage. Gesellschafterstellung und Pflicht zur Bereitstellung von Fremdkapital sind eng miteinander verknüpft. Bei diesem Gesellschaftstyp sind daher die auslegungsfähigen Bedingungen der Gesellschafterfinanzierungen typischerweise im Gesellschaftsvertrag festgehalten. Daraus ergibt sich, daß sich die Eigenkapitalfunktion der Finanzierungsleistung bei Publikumspersonengesellschaften mit gesplitteter Einlage immer aus dem Gesellschaftsvertrag ergibt. Die Rechtsprechung hatte dementsprechend auch noch nicht über andere Gesellschafterfinanzierungsleistungen, die nicht gesellschaftsvertraglich vereinbart waren, zu entscheiden. Da aber auch nicht gesellschaftsvertraglich geschuldetes Fremdkapital aus Gesellschafterhand die Funktion von Eigenkapital haben kann, darf daraus nicht der Schluß gezogen werden, eine Finanzierungsvereinbarung außerhalb des Gesellschaftsvertrages könne keinen gesellschaftlichen Charakter haben und damit nicht zu einer Umqualifizierung von Fremdmitteln in haftendes Eigenkapital führen.

Diese These wird zudem dadurch unterstützt, daß auch die Rechtsprechung auf die Auslegung des Gesellschaftsvertrages unter Berücksichtigung der Gesamtumstände nur dann zurückgreift, wenn Zweifel an einer gesellschaftsrechtlichen Verpflichtung bestehen[95]. Ist diese bereits eindeutig feststellbar, so kommt es auf den Gesellschaftsvertrag gar nicht mehr an. Dies spricht für die lediglich indizielle Bedeutung der gesellschaftsvertraglichen Verpflichtung der Gesellschafter zur Finanzierungsleistung für die materielle Eigenkapitalfunktion der dadurch aufgebrachten Mittel[96].

Festzuhalten ist daher, daß es für die Feststellung der materiellen Eigenkapitalfunktion nicht auf eine gesellschaftsvertragliche Verpflichtung ankommt, sondern auf die Einzelheiten der Darlehensvereinbarung, die sich erkennbar von einer rein schuldrechtlichen Verpflichtung zur Darlehensgewähr abgrenzen muß.

dd) Abdingbarkeit der Eigenkapitalfunktion

Es wurde bereits ausgeführt, daß der BGH auf das umstrittene Tatbestandsmerkmal der gesellschaftsvertraglichen Verpflichtung nur bei Zweifeln an dem

---

[95] BGHZ 70, 61, 63; 93, 159, 161; BGH LM Nr. 9 zu § 149 HGB; ebenso Schlegelberger/*K. Schmidt*, HGB, § 161, Rn. 162.

[96] So auch *Lutter/Hommelhoff*, GmbHG, §§ 32a/b, Rn. 13; *Priester*, DB 1991, S. 1919.

gesellschaftlichen Charakter der Finanzierungsleistung, also deren Eigenkapitalfunktion zurückgreift. Teile der Literatur sehen darin die Gefahr, daß die Verfasser von Gesellschaftsverträgen eindeutig in den Verträgen klarstellen, daß das von den Gesellschaftern aufzubringende Fremdkapital nicht als gesellschaftliche Pflicht geschuldet werde und nicht die Funktion von Eigenkapital habe[97]. Die Quasi-Eigenkapitalbehandlung des formellen Fremdkapitals stünde dann zur Disposition der Gesellschafter.

Da die Gleichstellung von formellem Fremdkapital mit haftendem Eigenkapital auf der Eigenkapitalfunktion der Fremdmittel beruht, ist die Sorge vor einer Aushebelung des Gläubigerschutzes durch vertragliche Haftungsausschlüsse unbegründet. Zwar steht es in der Macht der Gesellschafter, die Konditionen für die Überlassung von Gesellschafter-Fremdkapital festzulegen. Grundsätzlich kann auch im Gesellschaftsvertrag vereinbart werden, daß die Gesellschafter Darlehen oder stille Beteiligungen übernehmen, die den normalen Schuld- bzw. gesellschaftsrechtlichen Bestimmungen unterliegen[98]. Davon unabhängig ist aber die Frage zu beurteilen, ob diese Mittel die Funktion von Eigenkapital haben. Diese ergibt sich aus der vertraglichen Ausgestaltung der Finanzierungsleistung, also aus objektiven Bestimmungen. Haben die formellen Fremdmittel danach objektiv die Funktion von Eigenkapital, so verhalten sich die Gesellschafter widersprüchlich, wenn sie einerseits den Eindruck einer ausreichend mit gebundenem Kapital ausgestatteten Gesellschaft erwecken, gleichzeitig jedoch diese Mittel der Quasi-Eigenkapitalhaftung durch gesellschaftsvertragliche Formulierungen zu entziehen versuchen[99]. Auch der BGH mißt daher gesellschaftsvertraglichen Haftungsbegrenzungen in den Gesellschaftsverträgen von Publikumspersonengesellschaften mit gesplitteter Einlage Bedeutung nur im Innenverhältnis der Gesellschafter zu[100]. Bei den Publikumspersonengesellschaften kommt es demnach genauso wie bei der GmbH-rechtlichen Kapitalersatzregelung ausschließlich auf die objektive Eigenkapitalfunktion der formellen Fremdmittel an[101]. Der Wille der Gesellschafter wird dabei nur insoweit berücksichtigt, als ihnen die Entscheidung überlassen wird, ob sie die Gesellschaft mit formellem Fremdkapital ausstatten wollen und wie sie die Bedingungen für eine solche Finanzierung ausgestalten. Aus diesen subjek-

---

[97] Vgl. insbesondere *H. P. Westermann*, FS Fleck, S. 424 f; kritisch zu dieser Konsequenz *Joost*, ZGR 1987, S. 397; *Schön*, ZGR 1990, S. 241 f.

[98] BGHZ 70, 61, 63; BGH LM Nr. 6 zu § 149 HGB.

[99] So auch *v. Falkenhausen*, Münchener Handbuch des Gesellschaftsrechts, Band 2, § 14, Rn. 33. Insofern ist es ungenau, wenn in BGHZ 70, 61, 63; 93, 159, 161 auf den Willen der Gesellschafter Bezug genommen wird. Vgl. dazu *Priester*, DB 1991, S. 1921; *Joost*, ZGR 1987, S. 397; *Schön*, ZGR 1990, S. 241.

[100] BGH NJW 1980, 1523; NJW 1981, 2252 für Bestimmungen, nach denen die stillen Gesellschafter mit ihren Beteiligungen am Verlust der Gesellschafter nicht teilnehmen sollten. Ebenso BGH NJW 1985, 1080 für stille Beteiligung eines Nichtgesellschafters.

[101] Nach Ansicht von *Priester*, DB 1991, S. 1921 ist es die Konsequenz des materiellen Kapitalbegriffs, daß nicht auf die subjektive Etikettierung durch die Gesellschafter, sondern auf die objektive Funktion der Mittel abzustellen ist.

tiven Entscheidungen ergibt sich dann aber die objektive Funktion der Finanzierungsleistungen, die allein maßgeblich ist für die Quasi-Eigenkapitalbehandlung[102].

e) Zusammenfassung

Der Vergleich der Tatbestandsvoraussetzungen für die Umqualifizierung von formellem Fremdkapital in materielles Eigenkapital nach den GmbH-rechtlichen Regelungen und der Rechtsprechung zu den gesplitteten Einlagen bei Publikumspersonengesellschaften hat gezeigt, daß sich beide Systeme weitestgehend entsprechen. Die Praxis hat sich jedoch bei den Publikumspersonengesellschaften mit gesplitteter Einlage nur mit einem kleinen Ausschnitt der Probleme zu beschäftigen gehabt, die Gegenstand der Diskussion von Rechtsprechung und Wissenschaft im Bereich des GmbH-Rechts sind. Dennoch lassen sich die für den Anwendungsbereich der GmbH-rechtlichen Regelungen gefundenen Tatbestandsvoraussetzungen auch auf solche denkbaren Fälle bei Publikumspersonengesellschaften mit gesplitteter Einlage übertragen, die wegen der wesenstypischen Merkmale dieses Gesellschaftstyps bisher nicht zur Entscheidung vorgelegt wurden.

Die Parallelitäten der beiden Haftungssysteme beruhen auf zwei Grundvoraussetzungen, in denen sich beide gleichen. Zum einen ist dies der Kreis der Normadressaten. Fremdkapital kann nur dann in Eigenkapital umqualifiziert werden, wenn der Gläubiger zu dem Personenkreis zu zählen ist, der für die ordnungsgemäße Finanzierung der Gesellschaft verantwortlich ist. Dabei ist die Finanzierungsverantwortung weder bei den Kapitalgesellschaften noch bei den Publikumspersonengesellschaften mit gesplitteter Einlage auf die Gesellschafter begrenzt.

Die andere Grundvoraussetzung ist die materielle Eigenkapitalfunktion der formellen Gesellschafterfremdmittel. Grundsätzlich ist es bei den Kapitalgesellschaften und den Publikumspersonengesellschaften mit gesplitteter Einlage zulässig, daß die Gesellschafter ihrer Gesellschaft formelles Fremdkapital zur Verfügung stellen, das nicht wie haftendes Eigenkapital zu behandeln ist und daher jederzeit gekündigt und zurückbezahlt werden kann. Ist die Fremdkapitalleistung jedoch vertraglich so ausgestaltet, daß die Mittel wie Eigenkapital an das Gesellschaftsvermögen gebunden sind, so müssen sich die Kapitalgeber an dem Rechtsschein, der durch die Eigenkapitalfunktion der Mittel gesetzt wird festhalten lassen und können sich in einer Krise der Gesellschaft nicht auf deren formellen Fremdkapitalcharakter berufen.

---

102 So auch BGHZ 121, 31, 41 im Anschluß an *Fleck*, anm. zu BGH LM Nr. 6 zu § 30 GmbHG; *K. Schmidt*, ZIP 1981, S. 691; *v. Gerkan/Hommelhoff*, Kapitalersatz, S. 29.

Da im Anwendungsbereich der GmbH-rechtlichen Regelungen alle Tatbestände, die zu einer Umqualifizierung von formellem Fremdkapital in haftendes Eigenkapital auf diesen beiden Grundvoraussetzungen beruhen und diese auch die Grundlage der Rechtsprechung zu den Publikumspersonengesellschaften mit gesplitteter Einlage bilden, entsprechen sich die Tatbestandsvoraussetzungen der beiden Haftungssysteme.

4. Rechtsfolgen

Formelle Fremdkapitalleistungen, die den Charakter oder die Funktion von Eigenkapital haben, werden sowohl nach den GmbH-rechtlichen Kapitalersatzregeln, als auch nach der Rechtsprechung zu den Publikumspersonengesellschaften mit gesplitteter Einlage im Interesse eines effektiven Gläubigerschutzes wie haftendes Eigenkapital an das Gesellschaftsvermögen gebunden. Die Übereinstimmungen der jeweiligen konkreten Rechtsfolgen sollen nachfolgend untersucht werden.

a) Eingeschränkte Rückzahlbarkeit

Gem. § 30 Abs. 1 GmbHG darf das zur Erhaltung des Stammkapitals erforderliche Vermögen der Gesellschaft nicht an die Gesellschafter ausgezahlt werden. Nach den BGH-Regeln bedeutet dies für eigenkapitalersetzende Gesellschafterdarlehen, daß diese nicht zurückbezahlt werden dürfen, solange sich die Gesellschaft im Status der Unterbilanz oder Überschuldung befindet[103]. Das Verbot der Rückzahlung eigenkapitalersetzender Gesellschafterdarlehen ist daher summenmäßig begrenzt auf den Betrag des Stammkapitals, der sich um den Betrag einer möglicherweise bestehenden Überschuldung erhöht. Die in der Literatur vertretene Auffassung, alle eigenkapitalersetzenden Gesellschafterleistungen an eine GmbH unabhängig von der Stammkapitalziffer umzuqualifizieren[104], hat der BGH abgelehnt[105]. Ohne summenmäßige Beschränkung sind lediglich solche Leistungen an das Gesellschaftsvermögen gebunden, die mit einer Rangrücktrittsklausel versehen sind oder im Rahmen des Finanzplans der Gesellschaft gewährt wurden.

Im Gegensatz zu den GmbH-rechtlichen BGH-Regeln hat die Rechtsprechung zu den gesplitteten Einlagen bei Publikumspersonengesellschaften grundsätzlich keine summenmäßige Begrenzung des Kündigungs- und Rückzah-

---

[103] BGHZ 76, 326, 335; *Lutter/Hommelhoff*, GmbHG, §§ 32a/b, Rn. 5, 69. Vgl. im übrigen dazu schon oben S. 67.

[104] *Lutter/Hommelhoff*, ZGR 1979, S. 42; *Wüst*, Gläubigerschutz in der GmbH, S. 19.

[105] BGHZ 76, 326, 332 ff.

lungsverbotes für formelles Fremdkapital mit Eigenkapitalfunktion bestimmt. Finanzierungsleistungen mit Eigenkapitalfunktion wurden zunächst in voller Höhe an das Gesellschaftsvermögen gebunden und eine Kündigung unabhängig von der gleichzeitigen Aufgabe der Gesellschaftsbeteiligung abgelehnt[106]. In einer späteren Entscheidung wurden die Finanzierungsleistungen der Gesellschafter insoweit an das Gesellschaftsvermögen gebunden, als sie zur Befriedigung der Gläubiger benötigt wurden[107].

Ein Rückzahlungsverbot, das auf die Stammkapitalziffer und eine darüberhinausgehende Überschuldung beschränkt ist, kann es bei Personengesellschaften nicht geben. Bei diesem Gesellschaftstyp gibt es kein wie Stammkapital gebundenes Gesellschaftsvermögen. An seine Stelle tritt die unbeschränkte persönliche Haftung der Komplementäre und die summenmäßig beschränkte Haftung der Kommanditisten. Eine betragsmäßig bestimmte Haftsumme ist allenfalls in der im Handelsregister eingetragenen Höhe der Kommanditeinlagen zu erblicken. Die unbeschränkte Haftung der Komplementäre bleibt dabei aber völlig unberücksichtigt. Nach Ansicht des BGH setzt sich das Eigenkapital von Publikumspersonengesellschaften mit gesplitteter Einlage aus den Kommanditeinlagen und dem formellen Fremdkapital der Gesellschafter zusammen[108]. Sind danach die Gesellschafterdarlehen wie Kommanditeinlagen zu behandeln, so ist mangels eines gesetzlichen Verbotes, abgesehen von der Verletzung gesellschafterlicher Treuepflichten, die Rückzahlung des formellen Fremdkapitals nicht verboten[109]. Folge einer Rückzahlung der Darlehen ist dann das Wiederaufleben der beschränkten persönlichen Haftung des Kommanditisten nach § 172 Abs. 4 HGB. Der Unterschied zwischen dem strengen GmbH-rechtlichen Rückzahlungsverbot und dem Wiederaufleben der persönlichen Kommanditistenhaftung ist praktisch jedoch gering. In beiden Fällen geht es darum, die Gläubiger vor Vermögensverschiebungen zugunsten der Gesellschafter zu schützen[110]. Den Gläubigern von Kapitalgesellschaften ist grundsätzlich der Zugriff auf das Privatvermögen der Gesellschafter verwehrt. Sie sind deshalb auf den Bestand des Gesellschaftsvermögens stärker angewiesen als die Gläubiger von Personengesellschaften, denen im Falle von Rückzahlungen der Rückgriff auf die Gesellschaftervermögen offensteht. Sowohl nach den GmbH-rechtlichen Kapitalersatzregeln, als auch nach den Grundsätzen der

[106] BGHZ 70, 61, 64. Dies ist die bislang einzige Entscheidung, in der sich die Publikumspersonengesellschaft weder im Liquidationsstadium, noch im Konkursverfahren befand. Bei der rechtlichen Beurteilung der Forderung des Gesellschafters auf Rückzahlung seines Darlehens standen daher die Interessen der Gesellschaft und nicht die der sonstigen Gläubiger im Vordergrund.

[107] BGH NJW 1981, 2252.

[108] BGH NJW 1980, 1523; NJW 1981, 2252; NJW 1985, 1079 f; für stille Einlagen; BGH NJW 1982, 2254; BGHZ 104, 31, 33, 41 für Kommanditistendarlehen.

[109] So ausdrücklich BGHZ 112, 31, 39; ebenso *K. Schmidt,* Einlage und Haftung, S. 37; *ders.,* FS Goerdeler, S. 498; *Joost,* ZGR 1987, S. 389. Vgl. dazu auch OLG Hamburg GmbHR 1983, 70 ff.

[110] Ebenso *Joost,* ZGR 1987, S. 389.

Rechtsprechung zu den gesplitteten Einlagen bei Publikumspersonengesellschaften erstreckt sich demnach das Rückzahlungsverbot auf den gesellschaftstypischen Haftungsfond, der aus dem formellen Eigenkapital und den formellen Fremdmitteln mit Eigenkapitalfunktion besteht.

Gegen die Vergleichbarkeit der Funktionen von § 31 Abs. GmbHG und § 172 Abs. 4 HGB wird unter Berufung auf die Rechtsprechung angeführt, die Kommanditistenhaftung nach § 172 Abs. 4 HGB werde durch die Haftsumme absolut begrenzt[111]. Diese Ansichten setzen jedoch voraus, daß der formelle Fremdkapitalanteil der Kommanditbeteiligung nicht Teil der Hafteinlage nach §§ 171, 172 HGB ist. In der Regel beschränkt sich die im Handelsregister eingetragene Haftsumme auf den Betrag der eigentlichen Kommanditeinlagen ohne die Darlehen oder stillen Beteiligungen der Kommanditisten. Es wurde aber festgestellt, daß es für die Gleichstellung von formellem Fremdkapital nach Ansicht des BGH nicht auf die im Handelsregister eingetragene Haftsumme ankommt[112]. Haben die formellen Fremdkapitalleistungen wie die Kommanditeinlage die Funktion von haftendem Eigenkapital, so sind sie auch im übrigen wie Kommanditeinlagen zu behandeln. Dies führt im Ergebnis zu einer Erhöhung der Haftsumme über den im Handelsregister eingetragenen Betrag hinaus.

Zusammenfassend läßt sich festhalten, daß sowohl nach den GmbH-rechtlichen Kapitalersatzregeln, als auch nach den Grundsätzen der Rechtsprechung zu den Publikumspersonengesellschaften mit gesplitteter Einlage die Rechtsfolgen bei Feststellung der Eigenkapitalfunktion formellen Fremdkapitals sich dahingehend entsprechen, daß Rückzahlungen zugunsten der Gesellschafter Sanktionen auslösen, die eine Erhöhung des Gläubigerrisikos verhindern sollen. Bei den Personengesellschaften genügt dafür das Wiederaufleben der persönlichen Kommanditistenhaftung, da sich hier im Falle einer Rückzahlung nur das Zugriffsvermögen ändert. Ein entsprechender Schutz ist bei den Kapitalgesellschaften nur über ein absolutes Rückzahlungsverbot zu erreichen.

b) Pflicht zur Erstattung verbotswidriger Rückzahlungen

Die GmbH-rechtliche Kapitalersatzregelung sieht in analoger Anwendung des § 31 Abs. 1 GmbHG eine Rückzahlungspflicht für unzulässigerweise zurückbezahlte eigenkapitalersetzende Gesellschafterdarlehen vor. Darüberhinaus kann der Konkursverwalter gem. § 32a KO Sicherheitenbestellungen und Darlehensrückzahlungen, die im Jahr vor einer Konkurseröffnung erfolgt sind, anfechten. Der Empfänger ist dann gem. § 37 Abs. 1 KO zur Rückerstattung

---

[111] *K. Schmidt*, GmbHR 1986, S. 342 in Bezugnahme auf BGHZ 60, 324; 84, 383, 387 *Rümker*, ZGR 1988, S. 509 f. Ebenso OLG Hamburg, GmbHR 1983, 71.

[112] So schon oben S. 44 f.

verpflichtet. Außerhalb eines Konkursverfahrens sind Sicherheitenbestellungen durch die Gesellschaft für kapitalersetzende Gesellschafterdarlehen von Drittgläubigern nach § 3b AnfG anfechtbar. Darüberhinaus können nach § 3b AnfG Rückzahlungen kapitalersetzender Darlehen innerhalb eines Jahres nach Rückzahlung von Drittgläubigern angefochten werden. Der Gläubiger kann dann nach § 7 Abs. 1 AnfG verlangen, daß das durch eine anfechtbare Handlung Erlangte vom Empfänger an den Schuldner zurückgewährt wird[113].

Die Rechtsprechung zu den gesplitteten Einlagen bei Publikumspersonengesellschaften hatte sich noch nicht mit Fällen einer unzulässigen Rückzahlung von formellem Fremdkapital mit Eigenkapitalfunktion auseinanderzusetzen. Eine dem § 31 GmbHG oder den Novellen-Regeln entsprechende Rückforderungsmöglichkeit fehlt im Recht der Kommanditgesellschaften. Sie ist außerhalb des Konkursverfahrens auch nicht notwendig, da den Gläubigern in Höhe der zurückbezahlten Kapitalleistungen gem. § 172 Abs. 4 HGB analog in gleichem Umfang dann Ansprüche gegen die entsprechenden Gesellschafter zustehen. Im Falle des Konkurses gehört der Anspruch auf Leistung der Beiträge aus §§ 705 BGB, 161 Abs. 2, 105 Abs. 2 HGB zur Konkursmasse[114]. § 171 Abs. 2 HGB verhindert in der entsprechenden Anwendung auf formelles Fremdkapital mit Eigenkapitalfunktion, daß durch rasche Verwertung der Kommanditistenhaftung nach § 172 Abs. 4 HGB durch einzelne Gläubiger der Gesellschaft andere Gläubiger benachteiligt werden. Die Rechte aus der wiederaufgelebten Kommanditistenhaftung können dann nur noch vom Konkursverwalter geltend gemacht werden. Im Ergebnis betrifft § 171 Abs. 2 HGB daher ausschließlich die Kommanditistenhaftung, nicht jedoch den Anspruch der Gesellschaft auf Leistung des versprochenen Beitrags[115].

Sind die außenstehenden Gläubiger demnach mit der analogen Anwendung des §§ 172 Abs. 4, 171 Abs. 2 HGB im Falle der Rückzahlung von formellem Fremdkapital mit Eigenkapitalfunktion ausreichend geschützt, so ist es nicht notwendig, zurückgeflossene Kommanditistendarlehen über eine Analogie zu § 32a KO, bzw. § 3b AnfG oder bereicherungsrechtliche Konstruktionen zur Konkursmasse zu ziehen[116].

Der von den Gesellschaftern bereitgestellte Haftungsfond wird demnach bei den der GmbH-rechtlichen Regelung unterliegenden Gesellschaftsformen und bei den Publikumspersonengesellschaften mit gesplitteter Einlage gleicherma-

[113] Siehe dazu im einzelnen schon oben S. 73 f.

[114] Schlegelberger/*K. Schmidt*, HGB, §§ 171, 172, Rn. 98; Jaeger/*Weber*, KO, §§ 209/210, Anm. 32; OLG Karlsruhe, OLGE 11, 407.

[115] In diesem Sinne auch *K. Schmidt*, Einlage und Haftung, S. 124 f.; *ders.* in Schlegelberger, HGB, §§ 171, 172, Rn. 98; Baumbach/*Hueck*, HGB, § 171, Rn. 11.

[116] Vgl. dazu *K. Schmidt*, ZHR 147 (1983), S. 173; zur Forderung nach einer Ausdehnung des § 32a KO *ders.*, ZIP 1981, S. 699. Für eine analoge Anwendung des § 32a KO auf Kommanditgesellschaften *Koller*, FS Heinsius, S. 374 f. Zur Rückforderung verbotener Ausschüttungen als rechtsgrundlose Bereicherung vgl. *Flume*, ZHR 144 (1980), S. 26.

ßen gegen Aushöhlungen zu Lasten der Drittgläubiger geschützt. Die umfangreichere Ausgestaltung des Rückerstattungsanspruchs nach den BGH-Regeln beruht auf dem Grundprinzip der Kapitalgesellschaften, nach dem deren Gesellschafter grundsätzlich nicht mit ihrem Privatvermögen haften, so daß Auszahlungen an sie in der Regel dem Zugriff der außenstehenden Gläubiger entzogen sind.

c) Keine Geltendmachung im Konkurs, bzw. Liquidationsverfahren

Eigenkapital ist Risikokapital. Es gehört daher zu seinen wesentlichen Merkmalen, daß es im Konkurs der Gesellschaft für die Gesellschafter verloren ist[117]. Eigenkapitalersetzende Gesellschafterdarlehen können nach § 32a Abs. 1 GmbHG demgemäß nicht zur Konkurstabelle angemeldet werden. Da die Einleitung eines Insolvenzverfahrens in der Regel voraussetzen dürfte, daß das Stammkapital der Gesellschaft nicht mehr vollständig vorhanden ist und eigenkapitalersetzende Gesellschafterdarlehen in diesem Fall schon nach § 30 GmbHG analog nicht zurückforderbar sind, insoweit also gar keine anmeldungsfähige Forderung besteht, ist der Anwendungsbereich des § 32a GmbHG jedoch gering[118].

Die Frage, ob Gesellschafterdarlehen und stille Beteiligungen im Konkurs einer Publikumspersonengesellschaft mit gesplitteter Einlage zur Konkurstabelle angemeldet werden können, bzw. wie die formellen Fremdkapitalleistungen der Gesellschafter in der Liquidation der Gesellschaft zu behandeln sind, bildet den Schwerpunkt der Judikatur zu den gesplitteten Einlagen bei Publikumspersonengesellschaften. Der BGH hat hierzu mehrfach entschieden, daß Darlehen und stille Beteiligungen von Kommanditisten im Konkursverfahren nicht geltend gemacht werden können[119] und daß ihre Forderungen in einem Liquidationsverfahren erst nach der Befriedigung der sonstigen Drittgläubiger zu berücksichtigen seien[120].

Der Ausschluß vom Konkursverfahren, bzw. der Rücktritt im Liquidationsverfahren entspricht der normalen Behandlung von formellem Eigenkapital. Sind die formellen Fremdkapitalleistungen der Gesellschafter bei Feststellung ihrer materiellen Eigenkapitalfunktion wie haftendes Eigenkapital zu behan-

---

[117] *K. Schmidt*, Gesellschaftrecht, S. 418; *ders.*, FS Goerdeler, S. 491; *ders.*, Anm. zu BGH NJW 1982, 2253, 2254; in diesem Sinne auch *Priester*, DB 1991, S. 1918. Vgl. zum Konkursausschluß der Kommanditeinlage OLG Karlsruhe OLGE 11, 407; Kuhn/*Uhlenbruck*, KO, § 209, Rn. 16; Jaeger/*Weber*, KO, §§ 209, 210, Anm. 26; in diesem Sinne auch *D. Schneider*, Investition, S. 52, 56; *Vornbaum*, Finanzierung der Betriebe, S. 36 f.

[118] Ebenso *Kübler*, Gesellschaftsrecht, S. 236; Scholz/*K. Schmidt*, GmbHG, §§ 32a, 32b, Rn. 76.

[119] BGHZ 93, 159, 164; 104, 33, 43; BGH NJW 1981, 2252.

[120] BGH NJW 1980, 1523, NJW 1982, 2254; NJW 1985, 1080.

deln, dann ist es nur konsequent, wenn die Rechtsprechung sowohl bei den Kapitalgesellschaften, als auch bei den Publikumspersonengesellschaften mit gesplitteter Einlage diese Mittel ausschließlich zur Befriedigung der sonstigen Gläubiger reserviert. Dies schließt sowohl bei den Kapitalgesellschaften, wie auch bei den Publikumspersonengesellschaften die Aufrechnung einer Gesellschafterforderung gegen die Gesellschaft mit dem Anspruch auf Rückzahlung des Gesellschafterdarlehens bzw. der stillen Einlage aus[121].

d) Einforderbarkeit rückständiger Gesellschafterleistungen

Für die Publikumspersonengesellschaften mit gesplitteter Einlage hat der BGH mehrfach festgestellt, daß ein Gesellschafterdarlehen oder eine stille Einlage auch noch im Konkurs- oder Liquidationsverfahren einzuzahlen ist, soweit sie von der Gesellschaft benötigt werden, insbesondere zur Befriedigung der außenstehenden Gläubiger[122].

Eine entsprechende Judikatur fehlt im Anwendungsbereich der GmbH-rechtlichen Kapitalersatzregeln. Weder aus den BGH- Regeln noch aus den Novellen-Regeln läßt sich ein Anspruch der Gesellschaft auf Zahlung noch ausstehender kapitalersetzender Leistungen herleiten. Es ist jedoch auch für die Kapitalgesellschaften anerkannt, daß Darlehen oder stille Beteiligungen, die die Gesellschafter im Rahmen eines Finanzplanes zugesagt haben, im Konkurs noch insoweit eingefordert werden können, als diese zur Befriedigung der außenstehenden Gläubiger benötigt werden[123]. Das Schrifttum hat sich zudem vereinzelt mit der Frage beschäftigt, ob Liquiditätszusagen der Gesellschafter Eigenkapitalcharakter i.S.v. § 32a GmbHG haben können und welche Rechtsfolgen sich daraus ergeben würden[124]. In Betracht kommt danach, dem Gesellschafter entweder die Möglichkeit zur Rücknahme seines Darlehensversprechens nach § 610 BGB zu versagen oder ihn zur Erstattung des Wertes der Kreditzusage vom Konkursverwalter in Anspruch nehmen zu lassen[125]. Gegen diese Lösung werden jedoch vor allem deshalb Bedenken vorgebracht, weil sie eine Modifizierung sowohl der Tatbestandsvoraussetzungen des § 32a Abs. 1

---

[121] Für die Publikumspersonengesellschaften mit gesplitteter Einlage vgl. BGHZ 93, 159, 164, Für die GmbH-rechtlichen Regeln vgl. Baumbach/*Hueck*, GmbHG, § 32a, Rn. 56; *Lutter/Hommelhoff*, GmbHG, §§ 32ab, Rn. 67; *Rowedder*, GmbHG, § 32a, Rn. 43; *K. Schmidt*, ZHR 147 (1983), S. 173.

[122] BGH LM Nr. 6 zu § 149 HGB; NJW 1980, 1523; im gleichen Sinne auch BGH NJW 1985, 1079.

[123] So im Ergebnis BGHZ 104, 33, 38 f, 43; *Lutter/Hommelhoff*, GmbHG, §§ 32a, b, Rn. 48; *Hommelhoff/Kleindiek*, FS 100 Jahre GmbHG, S. 441.

[124] *Obermüller*, ZGR 1975, S. 11; *ders.*, ZIP 1982, S. 915; *Rümker*, WM 1974, S. 990; *Schaffland*, BB 1977, S. 1021; *Wiedemann/Hermanns*, ZIP 1994, S. 1000 ff.

[125] *Wiedemann/Hermanns*, ZIP 1994, S. 1001.

GmbHG als auch der Rechtsfolgen erforderlich machen würde. Dies würde über eine analoge Anwendung der Vorschrift hinausgehen[126].

Für die vorliegende Untersuchung ist die Entscheidung für oder gegen die Möglichkeit eigenkapitalersetzender Finanzierungszusagen als Tatbestandsmerkmal des § 32a Abs. 1 GmbHG nicht ausschlaggebend. Entscheidet man sich für den eigenkapitalersetzenden Charakter und den Anspruch des Konkursverwalters auf Erstattung des Wertes der Finanzierungszusage, so würde dies der Rechtsprechungspraxis zu den Publikumspersonengesellschaften mit gesplitteter Einlage entsprechen. Lehnt man dagegen die analoge Anwendung des § 32a Abs. 1 GmbHG auf Finanzierungszusagen ab, so spräche die weitergehende Haftung der Kommanditisten einer Publikumspersonengesellschaft mit gesplitteter Einlage nicht gegen die Parallelität von GmbH-rechtlicher Kapitalersatzregelung und den Rechtsprechungsgrundsätzen zum Einlagensplitting bei Publikumspersonengesellschaften. In der vorliegenden Arbeit soll untersucht werden, inwieweit die Grundsätze der Rechtsprechung zu den gesplitteten Einlagen bei Publikumspersonengesellschaften den GmbH-rechtlichen Kapitalersatzregeln entsprechen, und damit die Ansicht unterstützen, die GmbH-rechtlichen Regeln seien nur Ausdruck eines rechtsformübergreifend anwendbaren Prinzips der Gesellschafterhaftung für eigenkapitalersetzende Finanzierungsleistungen. Es ist daher für das Ergebnis unerheblich, wenn die Kommanditistenhaftung für Kapitalersatzleistungen in einzelnen Punkten über die Haftung eines GmbH-Gesellschafters hinausgeht.

e) Exkurs: Außenhaftung des Gesellschafters nach § 171 Abs. 1 HGB

Aus der hier vertretenen These, daß formelles Fremdkapital mit Eigenkapitalfunktion bei Kommanditgesellschaften wie Kommanditkapital zu behandeln ist, folgt, daß die Kommanditisten gem. § 171 Abs. 1 HGB den außenstehenden Gläubigern auch für die noch nicht erbrachten Fremdkapitalleistungen persönlich haften können. Dies steht zunächst in Widerspruch zu dem Grundsatz, nach dem Kommanditisten nur in Höhe der jeweiligen im Handelsregister eingetragenen Kommanditbeteiligung persönlich haften, solange die Einlage noch nicht erbracht oder zurückbezahlt worden ist[127].

Eine Durchbrechung der grundsätzlichen Beschränkung der Kommanditistenhaftung auf die eingetragene Haftsumme ist dem Recht der Kommanditgesellschaften jedoch nicht unbekannt. Zum einen gelten auch bezüglich der Kommanditistenhaftung die Grundsätze des allgemeinen Vertrauensschutzes[128]

---

[126] Vgl. dazu im einzelnen *Wiedemann/Hermanns*, ZIP 1994, S. 1002.

[127] Vgl. dazu schon ausführlich oben S. 43 f.

[128] Schlegelberger/*K. Schmidt*, HGB, §§ 171, 172, Rn. 38; vgl. auch Baumbach/*Hopt*, HGB, § 171, Rn. 4.

und zum anderen wird eine beschlossene Erhöhung der Kommanditistenhaftung schon vor Eintragung in das Handelsregister nach § 172 Abs. 2 HGB wirksam, wenn sie in handelsüblicher Weise kundgemacht oder in sonstiger Weise den Gläubigern bekannt gegeben worden ist[129].

In diese Systematik fügt sich die Ausweitung der persönlichen Kommanditistenhaftung nach § 171 Abs. 1 HGB für zugesagte, aber noch nicht erbrachte Fremdkapitalleistungen mit materieller Eigenkapitalfunktion ein. Wird durch eine entsprechende Kapitalaustattung mit Fremdmitteln aus Gesellschafterhand das – im objektiven Sinn zu verstehende – Vertrauen auf die Leistungsfähigkeit der Gesellschaft geweckt, so müssen sich die Gesellschafter daran ebenso festhalten lasssen, wie wenn sie in zurechenbarer Weise den Rechtsschein einer Haftsummenerhöhung setzten oder eine tatsächliche Haftsummenerhöhung vor deren Eintragung ins Handelsregister den Gläubigern bekanntgeben. In allen diesen Fällen geht die Abwägung der beiderseitigen schutzwürdigen Interessen zulasten der Gesellschafter.

f) Sonstige Rechtsfolgen

Neben den im einzelnen auf ihre Vergleichbarkeit mit den Rechtsprechungsgrundsätzen für die Publikumspersonengesellschaft mit gesplitteter Einlage untersuchten Rechtsfolgen, regeln die GmbH-rechtlichen Bestimmungen in § 32a Abs. 1 GmbHG die Behandlung von Drittdarlehen, für die ein Gesellschafter Sicherheiten bestellt oder sich verbürgt hat und den Fall der Rückzahlung eines solchen Darlehens im letzten Jahr vor einer Konkurseröffnung in § 32b GmbHG.

Entsprechende Konstruktionen bei Publikumspersonengesellschaften sind der Rechtsprechung noch nicht zur Entscheidung vorgelegt worden. Es wurde jedoch bereits dargelegt, daß auch bei den Publikumspersonengesellschaften Sicherheiten der Gesellschafter Eigenkapitalfunktion haben können[130]. Die Rechtsfolgen der Novellen-Vorschriften für eigenkapitalersetzende Gesellschaftersicherheiten nach §§ 32a Abs. 2, 32b GmbHG verfolgen den Zweck, den Wert der kapitalersetzenden Sicherheit im Konkursfall an das Gesellschaftsvermögen zu binden, bzw. ihn zur Konkursmasse zu ziehen. Da sich die GmbH-rechtlichen Kapitalersatzregeln und die Rechtsprechung zur Umqualifizierung von formellem Fremdkapital in materielles Eigenkapital in ihrer Zweckrichtung entsprechen, können die Rechtsfolgen der Novellen-Regeln sinngemäß auch auf Gesellschaftersicherheiten mit Eigenkapitalfunktion für Drittdarlehen bei Publikumspersonengesellschaften angewendet werden. Dritt-

---

[129] Im einzelnen dazu Baumbach/*Hopt*, HGB, § 172, Rn. 2; *Schilling* in Großkommentar HGB, § 172, Rn. 5 ff; Schlegelberger/*K. Schmidt*, HGB, Rn. 33 ff.

[130] Vgl. dazu schon oben S. 95 f.

gläubiger müssen dann entsprechend § 32a Abs. 2 GmbHG zunächst die Gesellschaftersicherheit verwerten, bzw. den Gesellschafter als Bürgen in Anspruch nehmen, bevor sie den dann noch nicht befriedigten Teil ihrer Forderung zur Konkurstabelle anmelden können. Im Fall einer Rückgewähr der Leistung im Jahr vor einer Konkurseröffnung hat der Gesellschafter entsprechend § 32b GmbHG den zurückbezahlten Betrag in Höhe des Wertes seiner Sicherheit an die Gesellschaft zurückzuerstatten.

g) Zusammenfassung der Rechtsfolgen

Die vergleichende Untersuchung der Rechtsfolgen eigenkapitalersetzender Gesellschafterdarlehen im GmbH-Recht mit denen der Rechtsprechung zu den Publikumspersonengesellschaften mit gesplitteter Einlage ergibt, daß, trotz festzustellender Unterschiede im einzelnen, die Rechtsfolgen bei beiden Gesellschaftsformen im Ergebnis den gleichen Schutz für außenstehende Gläubiger vor Vermögensverschiebungen zugunsten der Gesellschafter herbeiführen. Beide Systeme führen auch im Falle der Nichterbringung, bzw. der Rückzahlungen von formellen Fremdkapitalleistungen mit Eigenkapitalfunktion zur persönlichen Haftung des Kapitalgebers.

Die festzustellenden Abweichungen beruhen dabei auf den wesenstypischen Unterschieden von Kapital- und Personengesellschaften, insbesondere auf dem Fehlen eines in Aufbringung und Bestand garantierten Stammkapitals bei den Personengesellschaften. Die bei dieser Gesellschaftsform gesetzlich vorgesehene persönliche Haftung der Gesellschafter für versprochene, aber noch nicht erbrachte oder zurückbezahlte Finanzierungsleistungen erlaubt es, auf generelle Rückzahlungsverbote, wie die bei Kapitalgesellschaften, zu verzichten. Dies führt zwar dazu, daß Gläubiger einer Personengesellschaft in solchen Fällen auf die persönliche Bonität der Gesellschafter vertrauen müssen, es handelt sich dabei jedoch um einen Umstand, der grundsätzlich allen Personengesellschaften anhaftet und auf den sich die Gläubiger und Geschäftspartner von Personengesellschaften einzustellen haben.

5. Teil

Zusammenfassende Schlußbetrachtung

Die vorliegende Untersuchung hat gezeigt, daß zwischen den GmbH-rechtlichen Kapitalersatzregeln und der Rechtsprechung des Bundesgerichtshofs zur gesplitteten Einlage bei Publikumspersonengesellschaften in wesentlichen Punkten Übereinstimmungen festzustellen sind. Diese lassen sich in folgenden Thesen zusammenfassen:

1. Thesen

- Beide Regelungssysteme wurden entwickelt, um die außenstehenden Gläubiger einer Gesellschaft vor Finanzierungsmodellen zu schützen, durch die Gesellschafter versuchen, ihr Unternehmerrisiko auf die Gläubiger zu verlagern.
- Kapitalersatzhaftung wird an die Finanzierungsverantwortung geknüpft. Diese ist sowohl im GmbH-Recht, als auch nach der Rechtsprechung zu den Publikumspersonengesellschaften mit gesplitteter Einlage nicht an die Gesellschafterstellung gebunden, sondern ergibt sich aus den unternehmerischen Einfluß- und Kontrollmöglichkeiten des Kapitalgebers.
- Kapitalersatzhaftung ist nur dort notwendig, wo fehlende unbeschränkte persönliche Haftung Mißbrauchsmöglichkeiten der Gesellschafter durch Fremdkapitalfinanzierungen eröffnet.
- Eigenkapitalersetzend können alle Leistungen sein, die die Gesellschaft zur Aufrechterhaltung ihrer Geschäftstätigkeit benötigt und die sie sich wegen der unzureichenden Eigenkapitalausstattung nicht aus eigenem Vermögen beschaffen kann.
- Entscheidende Voraussetzung ist sowohl im GmbH-Recht, als auch nach der Rechtsprechung zu den Publikumspersonengesellschaften mit gesplitteter Einlage, die materielle Eigenkapitalfunktion der formellen Fremdmittel. Diese ist objektiv aus den konkreten Bedingungen der jeweiligen Kapitalüberlassung zu ermitteln und entzieht sich der Dispositionsfreiheit der Vertragsparteien.

- Entsprechen die vertraglichen Bedingungen der Kapitalüberlassung im Hinblick auf Kündigungs- und Vergütungsbedingungen denen der Bereitstellung von formellem Eigenkapital, so verbietet es der Grundsatz von Treu- und Glauben sowohl den GmbH-Gesellschaftern, als auch den Kommanditisten, sich in Krisensituationen auf den formellen Fremdkapitalcharakter der von ihnen aufgebrachten Mittel zu berufen.
- Eigenkapitalfunktion haben solche Leistungen, die die Gesellschaft zu marktüblichen Bedingungen von dritter Seite nicht erhalten hätte. Unerheblich ist, ob dieser Zustand bereits bei Aufnahme der Geschäftstätigkeit vorlag, oder erst später eintrat.
- Kapitalersetzende Gesellschafterleistungen werden sowohl nach der GmbH-rechtlichen Regelung, als auch nach der Rechtsprechung zu den Publikumspersonengesellschaften mit gesplitteter Einlage dem haftenden Eigenkapital gleichgestellt. Aus Sicht der außenstehenden Gläubiger macht es deshalb keinen Unterschied, ob die Gesellschafter der Gesellschaft formelles Eigenkapital oder Fremdkapital zuführen.
- Unterschiedliche Rechtsfolgen zwischen der GmbH-rechtlichen Regelung und der Rechtsprechung zu den Publikumspersonengesellschaften mit gesplitteter Einlage ergeben sich aus den typischen Merkmalen der Kapital-, bzw. Personengesellschaften. So richten sich Ansprüche aus Kapitalersatzhaftung bei Personengesellschaften außerhalb des Konkursverfahrens direkt gegen die Kommanditisten, während bei Kapitalgesellschaften der Gläubigerschutz durch die Kapitalerhaltungsvorschriften gewährleistet wird.

2. Fazit

Die Gleichstellung von eigenkapitalersetzendem formellen Fremdkapital mit haftendem Eigenkapital ist keine Spezialität des GmbH-Rechts oder der Kapitalgesellschaften. Auch bei den Personengesellschaften verhindert die Rechtsprechung des BGH Finanzierungsmodelle, mit denen die Gesellschafter ihr Risiko zu Lasten der außenstehenden Gläubiger verringern. Auch wenn die Judikatur an der Problematik der gesplitteten Einlage bei Publikumspersonengesellschaften entwickelt wurde, so beschränkt sich die Anwendbarkeit der aufgestellten Grundsätze nicht auf diese Sonderform der Personengesellschaften. Die Übereinstimmungen der BGH-Rechtsprechung mit der Regelung der GmbH-rechtlichen Kapitalersatzhaftung in ihrer Zweckrichtung und ihren Tatbestandsvoraussetzungen läßt den Schluß zu, daß es sich bei der Haftung für eigenkapitalersetzende Gesellschafterdarlehen um einen Ausdruck des Prinzips der gesellschafterlichen Verantwortung für eine ordnungsgemäße Unternehmensfinanzierung handelt. Die Haftungsregeln bei Publikumspersonengesellschaften sollten daher konsequent auf Finanzierungsleistungen von Kommanditisten gesetzestypischer Kommanditgesellschaften angewendet werden. Wegen der bei den anderen Personengesellschaftstypen gegebenen unbeschränkten persönlichen Haftung aller Gesellschafter ist bei diesen die Problematik eigenkapitalersetzender Gesellschafterleistungen nicht regelungsbedürftig.

Literaturverzeichnis

Ballerstedt, Kurt: 75 Jahre GmbHG, GmbHR 1967, S. 66

Baumbach/Hopt: Handelsgesetzbuch, 29.Aufl., München 1995

Baumbach/Hueck: GmbH-Gesetz, 15. Aufl., München 1988

Binz, Mark K.: Die GmbH & Co. KG, 8. Aufl., München 1992

Blaurock, Uwe: Unterbeteiligung und Treuhand an Gesellschaftsanteilen, Baden-Baden 1981

Blumers, Wolfgang: Überschuldung als Konkursgrund bei der GmbH & Co. KG, BB 1976, S. 1443

Brandes, Helmut: Die Behandlung von Nutzungsüberlassungen im Rahmen einer Betriebsaufspaltung unter Gesichtspunkten des Kapitalersatzes und der Kapitalerhaltung, ZGR 1989, S. 244

Braun, Eberhard: Kapitalersetzende Maßnahmen i.S.v. § 32a Abs. 3 GmbHG durch Pachtverträge in der Betriebsaufspaltung?, ZIP 1983, S. 1181

Canaris, Claus-Wilhelm: Die Vertrauenshaftung im deutschen Privatrecht, München 1971

— Die Rückgewähr von Gesellschaftereinlagen durch Zuwendung an Dritte, Festschrift für Robert Fischer, Berlin, New York 1979, S. 31

Claussen, Carsten P.: Kapitalersetzende Darlehen und Sanierungen durch Kreditinstitute, ZHR 147 (1983), S. 195

— Zeitwende im Kapitalersatzrecht?, GmbHR 1994, S. 9

Dette, Hans Walter: Venire contra factum proprium nulli conceditur, Diss. Mainz 1985

Deutler, Karl-F.: Diskussionsbeitrag in: Das neue GmbH-Recht in der Diskussion, Köln 1981

Dietrich, Jürgen: Die Publikums-Kommanditgesellschaft und die gesellschaftsrechtlich geschützten Interessen, Diss. Berlin, 1987

Dreher, Meinrad: Kapitalersetzende Darlehen von mittelbar über eine AG an einer GmbH beteiligten Nichtgesellschaftern nach § 32a Abs. 3 GmbHG, ZIP 1990, S. 79

— Pfandrechtsgläubiger von Geschäftsanteilen als gesellschafterähnliche Dritte im Sinne von § 32a Abs. 3 GmbHG – Besprechung der Entscheidung BGHZ 119, 191, ZGR 1994, S. 144

Drygala, Tim: Die Rechtsfolgen der eigenkapitalersetzenden Nutzungsüberlassung, BB 1992, S. 80

Duss, Marco: Gedanken zu einem Rangrücktritt des Gläubigers bei Überschuldung einer Aktiengesellschaft nach schweizerischem Recht, AG 1974, S. 133

Ebenroth/Autenrieth: Gesellschaftsrechtliche Besonderheiten der Publikums-KG, JA 1980, S. 8

Ebenroth/Wilken: Kapitalersatz und Betriebsaufspaltung, BB 1993, S. 305

Eisenhardt, Ulrich: Gesellschaftsrecht, 5.Aufl., München 1992

Erman, Walter: Handkommentar zum Bürgerlichen Gesetzbuch, 1. Band, §§ 1 – 853, 9. Aufl., Münster 1993

Esser/Schmidt: Schuldrecht Band I, Allgemeiner Teil, 6. Aufl., Heidelberg 1984

Eucken, Walter: Grundsätze der Wirtschaftspolitik, 6. Aufl., Tübingen 1990

Farrenkopf/Cahn: Die Rechtsprechung des BGH zu den sogenannten kapitalersetzenden Gesellschafterdarlehen bei der GmbH und §§ 30 f. GmbHG, AG 1983, S. 151

Felix, Günther: Haftsumme der Kommanditisten und Sacheinlage, NJW 1973, S. 491

Fischer, Curt Eduard: Die Gesellschaft mit beschränkter Haftung, 1948

Fischer, Robert: Anmerkung zu BGH LM Nr. 2 zu § 30 GmbHG

Fleck, Hans-Joachim: Das kapitalersetzende Bankdarlehen in der GmbH, Festschrift für Winfried Werner zum 65. Geburtstag, Berlin, New York 1984, S. 107

Flume, Werner: Allgemeiner Teil des Bürgerlichen Rechts, Erster Band Erster Teil: Die Personengesellschaft, Berlin, Heidelberg, New York, Tokyo 1977

— Zweiter Band: Das Rechtsgeschäft, Berlin, Heidelberg, New York, Tokyo 1975

— Der Gesellschafter und das Vermögen der Kapitalgesellschaft und die Problematik der verdeckten Gewinnausschüttung, ZHR 144 (1980), S. 18

— Das Rechtsgeschäft und das rechtlich relevante Verhalten, AcP 161, S. 52 ff.

Gerkan, Hartwin v.,: Kapitalersetzende Darlehen im Konkurs der GmbH, Köln 1986

— Schwerpunkte und Entwicklungen im Recht der kapitalersetzenden Gesellschafterleistungen, GmbHR 1986, S. 218

— Zum Stand der Rechtsentwicklung bei den kapitalersetzenden Gesellschafterleistungen, GmbHR 1990, S. 384

v.Gerkan/Hommelhoff: Kapitalersatz im Gesellschafts- und Insolvenzrecht, 2.Aufl., Köln 1988

Gersch/Herget/Marsch/Stützle: Die GmbH-Reform 1980, Wiesbaden-Dotzheim 1980

Geßler, Ernst: Zur handelsrechtlichen verdeckten Gewinnausschüttung, Festschrift für Robert Fischer, Berlin, New York 1979, S. 131

— Zur Problematik bei kapitalersetzenden Gesellschafterdarlehen, ZIP 1981, S. 228

Groß, Wolfgang: Eigenkapitalersetzende Gesellschafterdarlehen in der KG, BB 1991, S. 2386

Grossfeld, Bernhard: Aktiengesellschaft, Unternehmenskonzentration und Kleinaktionär, Tübingen 1968

Großkommentar HGB: Handelsgesetzbuch, Großkommentar, begründet von Hermann Staub, 4. Auflage, Berlin, New York 1987

Grunewald, Barbara: Gesellschaftsrecht, Tübingen 1994

— Zur Auslegung von Gesellschaftsverträgen, ZGR 1995, S. 70

Hachenburg, Max: Handelsgesetzbuch, Kommentar, 8. Aufl., Berlin, New York 1992

Häsemeyer, Ludwig: Kommanditistenhaftung und Insolvenzrecht, ZHR 149 (1985), S. 42

Häuser, Franz: Anm. zu BGH, JA 1983, S. 86

Handbuch der Personengesellschaften: Systematische Darstellung in gesellschaftsrehtlicher, betriebswirtschaftlicher, steuerrechtlicher und arbeitsrechtlicher Sicht, Band 1 Gesellschaftsrecht, Loseblattsammlung 3. Auflage, Stand 20. Lieferung, Köln 1993

Hesselman/Tillmann: Handbuch der GmbHG & Co., Systematische Darstellung in handelsrechtlicher und steuerrechtlicher Sicht, 17. Aufl., Köln 1991

Hofmann, Paul: Zum „Durchgriffs" – Problem bei der unterkapitalisierten GmbH, NJW 1966, S. 1941

Hommelhoff, Peter: Zur Haftung bei unternehmerischer Beteiligung an Kapitalgesellschaften, Köln 1984

— Das Gesellschafterdarlehen als Beispiel institutioneller Rechtsfortbildung, ZGR 1988, S. 460

Hommelhoff/Kleindiek: Flexible Finanzierungsinstrumente im GmbH-Recht, Festschrift 100 Jahre GmbH-Gesetz, Köln 1992, S. 421

Huber, Ulrich: Gesellschafterkonten bei Personengesellschaften, ZGR 1988, S. 18

Hueck, Götz: Gesellschaftsrecht, 19. Aufl., München 1991

Hüffer, Uwe: Gesellschaftsrecht, 3. Aufl., München 1991

— Die Publikumspersonengesellschaft und das Problem des Anlegerschutzes, JuS 1979, S. 457

Hunscha, Axel: Die Anwendung der §§ 30 Abs. 1, 31 GmbHG auf Zahlungen der GmbH & Co. KG an ihre Kommanditisten, GmbHR 1973, S. 257

Immenga, Ulrich: Die personalistische Kapitalgesellschaft, Bad Homburg 1970

Jaeger/Henckel: Konkursordnung mit Einführungsgesetzen, Großkommentar, 9. Aufl., 4. Lieferung, §§ 29 – 42, Berlin, New York 1991

Jaeger/Weber: Konkursordnung mit Einführungsgesetzen, 8. Aufl., 2. Band, 2. Halbband, §§ 208 – 244, Berlin, New York 1973

Jauernig, Ottmar: Bürgerliches Gesetzbuch, 7. Aufl., München 1994

Joost, Detlev: Grundlagen und Rechtsfolgen der Kapitalerhaltungsregeln in der GmbH, ZHR 148 (1984), S. 27

— Eigenkapitalersetzende Kommanditistenleistungen, ZGR 1987, S. 370

Kahler, Ulrich: Die Haftung des Gesellschafters im Falle der Unterkapitalisierung einer GmbH, BB 1985, S. 1429

Kamprad, Balduin: Gesellschafterdarlehen an die GmbH und GmbH & Co. KG, 2. Aufl., Köln 1980

Kallmeyer, Harald: Die Rechtsfolgen der eigenkapitalersetzenden Gesellschafter-Nutzungsüberlassung im Recht der GmbH, GmbHR 1994, S. 290

Kellermann, Alfred: Zur Anwendung körperschaftsrechtlicher Grundsätze und Vorschriften auf die Publikums-KG, Festschrift für Walter Stimpel zum 68. Geburtstag, Berlin, New York 1985, S. 295

Kilger, Joachim: Konkursordnung, mit Gesamtvollstreckungsordnung, 16. Aufl., München 1993

Kilger/Huber: Gesetz, betreffend die Anfechtung von Rechtshandlungen eines Schuldners außerhalb des Konkursverfahrens, 8. Aufl., München 1995

Knobbe-Keuk, Brigitte: Bilanz- und Unternehmenssteuerrecht, 9. Aufl., Köln 1993

— Stille Beteiligungen und Verbindlichkeiten mit Rangrücktrittsvereinbarung im Überschuldungsstatus und in der Handelsbilanz des Geschäftsinhabers, ZIP 1983, S. 127

— Die Verpachtung von Anlagevermögen des Gesellschafters an die GmbH und § 32a GmbHG, BB 1984, S. 1

— Die Verpachtung von Anlagevermögen und § 32a GmbHG, Festschrift für Alfred Kellermann zum 70. Geburtstag, Berlin, New York 1991, S. 227

Kölner Kommentar zum Aktiengesetz: Band 1, §§ 1 – 147 AktG, Köln, Berlin, Bonn, München 1985

Koller, Ingo: Sicherung des Eigenkapitals bei der gesetzestypischen Kommanditgesellschaft, Festschrift für Theodor Heinsius zum 65. Geburtstag, 1991, S. 357 ff.

Kollhosser, Helmut: Kredite als Eigenkapitalersatz bei stillen Kapitalbeteiligungen ?, WM 1985, S. 929

Krieger, Albrecht: Empfiehlt sich eine gesetzliche Regelung der Publikums-KG ?, Festschrift für Walter Stimpel zum 68. Geburtstag, Berlin, New York 1985

Kroppen, Heinz: Überschuldung als Konkursgrund für die GmbH & Co. KG, DB 1977, S.663

Kübler, Friedrich: Gesellschaftsrecht, 4. Aufl., Heidelberg 1994

Kuhn/Uhlenbruck: Konkursordnung, Kommentar, 11. Aufl., München 1994

Larenz, Karl: Allgemeiner Teil des Bürgerlichen Rechts, 7. Aufl., München 1989

— Lehrbuch des Schuldrechts – Erster Band, Allgemeiner Teil, 14. Aufl., München 1991

— Methodenlehre der Rechtswissenschaft, 6. Aufl., Berlin, Heidelberg, New York 1991

Lutter, Marcus: Die GmbH-Novelle und ihre Bedeutung für die GmbH, die GmbH & Co. KG und die Aktiengesellschaft, DB 1980, S. 1317

— Neues zum Gesellschafterdarlehen ?, ZIP 1989, S. 477

Lutter/Hommelhoff: GmbH-Gesetz, Kommentar, 13. Aufl., Köln 1991

— Nachrangiges Haftkapital und Unterkapitalisierung in der GmbH, ZGR 1979, S. 31

Mayer, Dieter: Kapitalersetzende Darlehen im GmbH-Recht aus handels- und konkursrechtlicher Sicht, BB 1990, S. 1935

Michel, Sabine: Eigenkapitalersetzende Gesellschafterdarlehen bei GmbH & Co. KG und KG, Diss. Marburg 1992

Münchener Handbuch des Gesellschaftsrechts: Band 2, Kommanditgesellschaft – Stille Gesellschaft, München 1991

Münchener Kommentar: Kommentar zum Bürgerlichen Gesetzbuch

Band 2: Schuldrecht – Allgemeiner Teil, 3. Aufl., München 1994

Band 3: Schuldrecht – Besonderer Teil, 2. Halbband, 2. Aufl., München 1986

Mundry, Thomas: Darlehen und stille Einlagen im Recht der Kommanditgesellschaften, Diss. Berlin 1990

Nitschke, Manfred: Die körperschaftlich strukturierte Personengesellschaft, Bielefeld 1970

Obermüller, Manfred: Die Patronatserklärung, ZGR 1975, S. 1

— Patronatserklärungen und kapitalersetzende Darlehen, ZIP 1982, S. 915

Oppenhoff, Walter: Ausfallhaftung bei Rückzahlung kapitalersetzender Gesellschafterdarlehen, Festschrift für Ernst C. Stiefel zum 80. Geburtstag, München 1987, S. 551

Oppenländer, Frank: Eigenkapitalersatz durch Gebrauchs- oder Nutzungsüberlassung an die GmbH, DStR 1993, S. 1523

Ostheim, Rolf: Zur geplanten Neuregelung eigenkapitalersetzender Gesellschafterdarlehen im Entwurf zum Insolvenzrechtsänderungsgesetz 1993, WBl 1993, S. 386

— Zur Behandlung „stehengelassener“ Gesellschafterdarlehen – Anmerkung zu 8 Ob 28/93, WBl 1994, S. 185

Palandt, Otto: Bürgerliches Gesetzbuch, 53. Aufl., München 1994

Priester, Hans-Joachim: Die Erhöhung des Stammkapitals mit kapitalersetzenden Gesellschafterdarlehen, Festschrift für Georg Döllerer, Düsseldorf 1988, S. 475

— Gläubigerrücktritt zur Vermeidung der Überschuldung, DB 1977, S. 2429

— Eigenkapitalersetzende Landesbankkredite- Konsolidierung der Rechtsprechung und neue Aspekte. Bemerkung zum HSW-Urteil des BGH, ZBB 1989, S. 33

— Sind eigenkapitalersetzende Gesellschafterdarlehen Eigenkapital ?, DB 1991, S. 1917

Raiser, Thomas: Das Recht der Kapitalgesellschaften, 2. Aufl., München 1992

Reusch, Peter: Eigenkapital und Eigenkapitalersatz im Rahmen der stillen Gesellschaft, BB 1989, S. 2358

Rose, Gerd: Die Ertragssteuern, 13. Aufl., Wiesbaden 1994

Roth, Günther H.: Gesetz, betreffend die Gesellschaften mit beschränkter Haftung (GmbHG), 2. Aufl., München 1987

Rowedder, Heinz: Gesetz betreffend die Gesellschaften mit beschränkter Haftung (GmbH), 2. Aufl., München 1990

Rümker, Dietrich: Probleme der Patronatserklärung in der Kreditsicherungspraxis, WM 1974, S. 990

— Bankkredite als kapitalersetzende Gesellschafterdarlehen unter besonderer Berücksichtigung der Sanierungssituation, ZIP 1982, S. 1385

— Formen kapitalersetzender Gesellschafterdarlehen in der Bankpraxis, Festschrift für Walter Stimpel zum 68. Geburtstag, Berlin, New York 1985, S. 673

— Überlegungen zur gesellschafterlichen Finanzierungsverantwortung, ZGR 1988, S.494

Rümker/Westermann: Kapitalersetzende Darlehen, WM Script, Frankfurt 1987

Sack, Rolf: Typusabweichungen und Institutsmißbrauch im Gesellschaftsrecht. Dargestellt am Beispiel der GmbH & Co. KG, DB 1974, S. 369

— Zur Rechtsnatur der sogenannten Steuerabschreibungs-Kommanditgesellschaften, DB 1974, S. 1657

Schaffland, Hans-Jürgen: Patronatserklärung – eine Untersuchung des Sicherheitscharakters und und ihrer Auswirkungen auf die Rechnungslegung, BB 1977, S. 1021

Schlegelberger, Franz: Handelsgesetzbuch, Band III, 5. Aufl., München 1986

Schmidt, Karsten: Gesellschaftsrecht, 2. Aufl., Köln, Berlin, Bonn, München 1991

— Kapitalaufbringung, Kapitalerhaltung und Unterkapitalisierung bei der GmbH & Co. KG, DB 1973, S. 2227

— Die Kreditfunktion der stillen Einlage, ZHR 140 (1976), S. 475

— Einlage und Haftung des Kommanditisten, Köln 1977

— Das Vollstreckungs- und Insolvenzrecht der stillen Gesellschaft, KTS 1977, S. 1 ff. und 67 ff.

— Fortschritte und Abstimmungsprobleme im Recht der kapitalersetzende Gesellschafterdarlehen, ZGR 1980, S. 567

— Grundzüge der GmbH-Novelle, NJW 1980, S. 1769

— Gesellschafterdarlehen als Insolvenzrechtsproblem, ZIP 1981, S. 689

— Anmerkung zu BGH, NJW 1982, S. 2253, S. 2254

— Kapitalersetzende Bankenkredite?, ZHR 147 (1983), S. 165

— Der Aufstand der Makulatur – oder: Da irrte Julius v. Kirchmann, JZ 1984, S. 880

— Die GmbH & Co. – eine Zwischenbilanz, GmbHR 1984, S. 272

— Kapitalersetzende Kommanditistendarlehen, GmbHR 1986, S. 337

— Quasi-Eigenkapital als haftungsrechtliches und als bilanzrechtliches Problem, Festschrift für Reinhard Goerdeler zum 65. Geburtstag, Düsseldorf 1987, S. 487

— § 32a GmbHG: ein Allheilmittel gegen unerwünschten Eigenkapitalersatz ?, ZIP 1990, S. 69

— Eigenkapitalersatz bei unbeschränkter Haftung, ZIP 1991, S. 1

— Grenzen der Ausfallhaftung von Mitgesellschaftern wegen Rückgewähr eigenkapitalersetzender Finanzierungsleistungen, DB 1992, S. 1917

Schmidt, Ludwig: Einkommenssteuergesetz, Kommentar, 13. Aufl., München 1994

Schneider, Dieter: Investition, Finanzierung und Besteuerung, 7. Aufl., Wiesbaden 1992

Schneider, Uwe H.: Die Haftung von Mitgliedern des Beirates einer Personengesellschaft, DB 1973, S. 953

— Sonderrecht für Publikumspersonengesellschaften, ZHR 142 (1978), S. 228

Schön, Wolfgang: Die stille Beteiligung an dem Handelsgewerbe einer Kommanditgesellschaft, ZGR 1990, S.220

Scholz, Franz: GmbH-Gesetz, Kommentar, 8. Aufl., Köln 1993

Schulze-Osterloh, Joachim: Gläubiger- und Minderheitenschutz bei der steuerlichen Betriebsaufspaltung, ZGR 1983, S. 123

Sieker, Susanne: Eigenkapital und Fremdkapital der Personengesellschaft, Diss., Berlin 1991

Soergel: Bürgerliches Gesetzbuch mit Einführungsgesetz und Nebengesetzen, Band 1, §§ 1 – 240, 12. Aufl., Stuttgart, Berlin, Köln 1987

Sonnenberger, Hans-Jürgen: Das Darlehen des GmbH-Gesellschafters als Mittel der Gesellschaftsfinanzierung, NJW 1969, S. 2033

Staudinger: Kommentar zum Bürgerlichen Gesetzbuch mit Einführungsgesetz und Nebengesetzen, 12. Aufl.,

Zweites Buch: Recht der Schuldverhältnisse, Einleitung zu §§ 241 ff; §§ 241, 242, Gesetz zur Regelung des Rechts der Allgemeinen Geschäftsbedingungen; Berlin 1983

Zweites Buch: Recht der Schuldverhältnisse, §§ 652 – 740; Berlin 1991

Stimpel, Walter: Anlegerschutz durch Gesellschaftsrecht in der Publikums-Kommanditgesellschaft, Festschrift für Robert Fischer, Berlin, New York 1979, S. 771

Teichmann, Arndt: Venire contra factum proprium – Ein Teilaspekt rechtsmißbräuchlichen Handelns, JA 1985, S. 497

Tipke/Lang: Steuerrecht, 14. Aufl., Köln 1994

Uhlenbruck, Wilhelm: Abschreibungsgesellschaften – Anlegerprobleme bei Sanierung – Konkurs – Vergleich, Düsseldorf 1974

— Die GmbH & Co. KG in Krise, Konkurs und Vergleich, 2. Aufl., Köln 1988

Ullrich, Hanns: Gesellschafterdarlehen der Banken in der Finanzkrise der GmbH, GmbHR 1983, S. 133

Ulmer, Peter: Die neuen Vorschriften über kapitalersetzende Darlehen und eigene Geschäftsanteile der GmbH, in: das neue GmbH-Recht in der Diskussion, Köln 1981

— Umstrittene Fragen im Recht der Gesellschafterdarlehen, ZIP 1984, S. 1163

— Gebrauchsüberlassung an die GmbH als Eigenkapialersatz. Voraussetzungen und Rechtsfolgen nach § 32a Abs. 3 GmbHG, Festschrift für Alfred Kellermann zum 70. Geburtstag, Berlin, New York 1991, S. 485

Vornbaum, Herbert: Finanzierung der Betriebe, 8. Aufl., Wiesbaden 1990

Wank, Rolf: Richterliche Rechtsfortbildung und Verfassungsrecht, ZGR 1988, S. 314

Weimar, Robert: Die KG & Still, – eine stille Gesellschaft ?, DB 1987, S. 1077

Westermann, Harm Peter: Vertragsfreiheit und Typengesetzlichkeit im Recht der Personengesellschaften, Berlin, Heidelberg, New York 1970

— Schwerpunkte der Fortbildung des GmbH-Rechts durch Praxis und Wissenschaft, GmbHR 1979, S. 220

— Banken als Kreditgeber und Gesellschafter, ZIP 1982, S. 386

— Kapitalersetzende Darlehen bei Publikums-Personengesellschaften- Skizze eines Sonderrechts im Sonderrecht, Festschrift für Hans-Joachim Fleck zum 70. Geburtstag, Berlin; New York 1988, S. 423

Westermann/Petzold: Aktuelle Rechtsprobleme mittelständischer Gesellschaften, 1987

Westermann, Harry: Ausgleichsansprüche des Kommanditisten, dessen Haftsumme die Pflichteinlage übersteigt, bei Inanspruchnahme von Gläubigern der KG, Festschrift für Carl Hans Barz zum 65. Geburtstag, Berlin, New York 1974

Wieacker, Franz: Zur rechtstheoretischen Präzisierung des § 242 BGB, Tübingen 1956

Wiedemann, Herbert: Haftungsbeschränkung und Kapitaleinsatz in der GmbH, Arbeiten zur Rechtsvergleichung Band 36, Die Haftung des Gesellschafters in der GmbH, Frankfurt, Berlin 1968

— Gesellschaftsrecht, Band I, Grundagen, München 1980

— Gesellschaftrechtliche Probleme der Betriebsaufspaltung, ZIP 1986, S. 1293

— Anmerkung zu BGH JZ 1986, 81, S. 855

— Eigenkapital und Fremdkapital, Festschrift für Karl Beusch zum 68. Geburtstag, Berlin, New York 1993, S. 893

Wiedemann/Fleischer: Anmerkung zu BGH JZ 1994, 203, S: 206

Wiedemann/Hermanns: Liquiditätszusagen des GmbH-Gesellschafters, ZIP 1994, S. 997

Wilhelm, Gerhard A.: Die Problematik der Massen-KG. Insebsondere die Probleme bei Überprüfung, Auslegung und Ergänzung der Gesellschaftsverträge, Diss. Tübingen 1980

Winkler, Karl: Die Haftungsverfassung der GmbH & Co. (KG), NJW 1969, S. 1009

Wüst, Günther: Gläubigerschutz bei der GmbH, Stuttgart 1966

Stichwortverzeichnis